기초 커피 바리스타

COFFEEBARISTA

전광수 · 이승훈 · 서지연 · 송주은 · 김윤경 공저

COFFEE BARISTA

기초 커피 바리스타

전광수 · 이승훈 · 서지연 · 송주은 · 김윤경 공저

형설출판사
www.hyungseul.co.kr

Preface | 머리말

국내 커피 시장의 소비 패턴은 지속적으로 서구화되어 가고 있으며, 원두 커피의 선호도도 꾸준히 증가하고 있는 추세이다. 우리나라는 현재 세계 11위의 커피 소비국으로, 국민 1인당 연간 300잔의 커피를 마시고 있다. 1970년대 인스턴트 커피가 주류를 이룬 커피 문화는 1980년대 이후 원두 커피 전문점의 보급화를 계기로 20대 젊은 층에서부터 원두 커피를 즐겨 마시게 되었고, 1990년대 해외 여행 및 해외 연수의 자유화로 진한 에스프레소 커피에 우유를 첨가해 마시는 서양식 커피 문화가 우리 커피 문화의 한 주류를 이루기 시작했다.

일본은 국민 1인당 약 470잔의 커피를 소비하며, 미국의 경우는 스페셜티 커피 협회 Annual Drinking Trend Study에서 원두 커피가 2005년 기준으로 전체 커피 시장의 약 50% 규모로 성장했다고 밝혔다. 따라서 원두 커피 문화가 세계적인 추세이고, 한국의 경우 소득 수준 및 라이프스타일의 향상, 웰빙(Well-being)에 대한 관심 등이 사회적 분위기임을 감안해 볼 때 점차 그 수요가 증가하리라는 것은 자명하다.

한편 커피에 관한 전문 지식을 얻고자 하는 이들도 급속도로 늘어나는 추세여서 현재 여러 대학과 대학 부설 평생교육원, 개인 아카데미 등이 운영 중이다.

이와 같은 시점에서 대학에서 커피를 가르치시는 분들이 뜻을 모아 《기초 커피 바리스타》라는 책을 출판하게 되었다.

국내 · 외의 여러 자료, 오랜 경험, 노력을 통해 얻은 산물로 커피에 관한 다양한 지식에 목말라 있으신 분들에게 큰 도움이 되리라 기대해 본다.

많은 부족한 부분이 있을 것이라 보지만 지속적으로 수정하고 보완하여 알찬 내용의 책이 되도록 노력할 것을 약속드리며, 독자들의 많은 지지와 지원 부탁드린다.

이 책의 여러 사진을 지원해 주신 채선주님, 조이아 무역 신승국 사장님, 커피문화원 최성일 원장님, 이은미님, 커피 아저씨 김재근 사장님, 정원진님에게 깊은 감사를 드리며 출판을 위해 열과 성을 다해 주신 장지익 회장님과 형설출판사의 여러분들께도 감사드린다.

저자

Contents | 차 례

1장 커피와 문화

2장 생두

3장 로스팅 (Roasting)

4장 추출

5장 추출 – 에스프레소 (Espresso)

6장 커피의 맛과 향의 평가

7장 세계의 커피 원산지

1

커피와 문화

1. 아시아
2. 유럽
3. 아메리카
4. 아프리카

일본 동경「드와죠」

about coffee

1. 아시아

1) 한국

전세계적으로 석유 다음으로 물동량이 많은 것이 커피이며, 아시아에서 일본 다음으로 큰 커피 시장이 바로 한국이다. 그만큼 한국에서의 커피 시장이 많은 성장을 한 것이다. 우리 나라 커피의 역사를 살펴보면 1896년으로 거슬러 올라가는데, 당시 고종은 러시아 대사관에서 커피를 처음 마셔 본 이후 계속 즐겼다고 한다. 최초로 커피를 판매한 곳은 존탁 호텔로, 러시아 공사 베베르의 처형인 독일계 여인 존탁에 의해 만들어졌다. 그 이후 개화기와 일제 강점기를 거치면서 외국의 식생활이 유입되었고, 커피점이 생겨나기 시작했다.

커피가 대중화되기 시작한 것은 6.25전쟁 때 미군 부대에서 흘러나온 커피를 통해서인데, 이 시기 서양에서는 캔 등으로 된 인스턴트 커피가 개발된 초기 단계였음에도 불구하고 그리 큰 호응을 받지 못했다. 왜냐하면, 이미 대부분의 나라에 원두 커피가 정착되어 있었기 때문이다. 판매에 어려움을 겪던 중 제2차 세계 대전이 발발하여 군사용으로 보급되면서 인스턴트 커피는 군납용으로 그 명맥을 유지하게 되었다. 그 때 한국 전쟁이 터졌고 미군이 투입되면서 선진 문명이 우리 나라 시민들에게도 급속도로 퍼지기 시작한 것이다. 우리가 처음 맞이한 커피도 미군이 들고 온 인스턴트 커피이고, 이것이 우리 나라에 원두 커피보다 인스턴트 커피가 호황을 이루게 된 역사적 배경이다. 그 후 동서식품에서는 1970년에 국내 최초로 인스턴트 커피를 생산하였다.

우리 나라에서 원두 커피의 대중화를 가로막는 가장 큰 요인은 바로 인스턴트 커피이다. 값이 싸고 조리가 간편한 데다 맛까지 우리 입맛에 잘 맞기 때문이다.

우리 나라 사람들은 1년에 300잔 정도의 커피를 마시는데, 그 중 90%

이상이 인스턴트 커피로 세계에 유래 없는 인스턴트 왕국이라 할 수 있다. 10여 년 전 우리 나라에 원두 커피가 본격적으로 들어오기 시작하면서 좋은 커피와 신선한 커피에 대한 소비자들의 인식이 꾸준히 확산되었다. 한편 스타벅스 커피가 한국에 상륙한 이후 에스프레소 추출 기계를 이용하는 커피가 빠른 시간 내에 확산되기도 하였다.

우리 나라의 커피 고객들에게서 볼 수 있는 특이한 점은, 이탈리아식 메뉴를 찾지만 마시는 것은 아메리카식이라는 것이다. 에스프레소를 찾는 사람도 적고 대부분 물을 더 붓거나 시럽을 첨가해서 마시기 때문이다. 또 커피를 마시기 위하여 커피 전문점을 찾기보다는 분위기가 좋은 곳을 찾아 만남의 장소로 이용하는 것이다.

요즘은 다양한 커피 메뉴와 저렴한 가격으로 승부하는 이동식 차량 카페도 등장하여 인기를 끌고 있다.

2) 일본

일본에 커피가 소개된 것은 약 17세기경, 에도 시대 때부터이다. 당시 일본은 쇄국 정책을 폈었으나 유일하게 서양 상인들에게 문물을 교역할 수 있도록 허가해 준 곳이 '데지마'였다. 나가사키항 옆에 인공으로 만든 작은 섬으로, 처음에는 포르투갈에게, 후에는 네덜란드에게 교역을 허가해 주었다. 일본인 기녀들 외에 일반인의 입 · 출을 엄격하게 금하며 격리시켰으나, 데지마 주둔 네덜란드인 통역관들과 의사들이 마셨던 커피는 기녀들에 의해 육지의 일반인들에게도 점차 소개되었다. '커피에 설탕을 많이 넣어 마셨으나 탄 냄새가 나서 마시기 어렵다'라는 1804년의 기록이 지금도 남아 있다고 한다.

태평양 전쟁 이후 1950년대부터는 미국 문화의 영향, 생두 수입 재개 등으로 인해 커피숍이 거리마다 넘쳐나게 된다. 한편 커피숍들은 블루마운틴, 모카, 킬리만자로와 같은 원두 커피를 핸드 드립, 사이펀 등과 같은 기구로 추출하여 서빙하는 형태로 발전하게 되었다.

특이할 만한 점은, 유럽의 드립 커피를 도입하여 일본만의 새로운 핸드드립 문화를 만들었다는 것이다. 초기에는 독일에서 발명된 멜리타 드리퍼가 사용되었으나, 곧 그 단점을 보완한 고노, 칼리타, 바하 등의 여러 새로운 드리퍼가 고안 · 사용되었다. 또한 커피숍 주인들을 중심으로 각자 나름의 핸드 드립 노하우를 개발했는데, 이는 곧 일반 대중들에게 급속히 전파되어 가정에서도 원두 커피를 즐기는 문화가 확산되었다.

한편 1969년 UCC 커피(일본의 대규모 커피 회사)의 창업자인 우에시마 다다오가 캔 커피를 발명하여 커피를 대중화시키는 데 큰 공헌을 했다.

현재 일본의 경우 원두 커피와 인스턴트 커피의 소비 비율은 약 4 : 6 정도로, 가정에서도 원두 커피를 많이 즐기는 문화이다. 동네마다 로스터리 커피하우스가 있고, 원두만을 판매하는 작은 숍들도 어렵지 않게 찾아볼 수 있다.

▶ 1950년대에 오픈한 도쿄 긴자의 '람부르'

▶ 생두를 볶아서 파는 작은 가게 '야나카 커피점'

▶ 일본식 핸드 드립 커피 추출

3) 터키

터키 사람들이 홍차류인 '차이' 다음으로 즐겨 마시는 것이 '카흐베'라는 커피이다. 카흐베는 터키식 커피로 1555년 시리아 대상이 이스탄불에 커피를 들여 옴으로써 '장기 두는 사람과 사색가들의 우유'로 알려지기 시작하였다. 17세기 중엽까지 카흐베는 정교한 예식의 한 부분이었으며, 40명이 넘는 조력자의 도움으로 커피를 의식에 따라 준비한 후 술탄에게 올렸다. 당시에는 여인들이 카흐베를 준비하는 방법에 대하여 훈련을 받을 정도였다.

다른 나라에 비해 터키에서는 생두를 강하게 로스팅하는 특징이 있다.

또 끓이는 방법도 특이하여 구리나 놋쇠로 만든 찻잔 크기의 자루 달린 주전자인 제스베(cezve)에 커피 가루, 설탕, 물을 한꺼번에 넣고 끓인다. 커피가 끓으면 반 정도만 찻잔에 담고, 나머지 반은 졸여질 때까지 끓여서 찻잔에 마저 담는다. 그러면 아랫부분은 끈적끈적한 앙금으로 남고 위는 맑은 커피가 되는데, 이것을 조금씩 마신다. 에스프레소 잔만큼 작은 커피 잔에 나오는 터키식 커피는 두툼한 거품 층이 있는 걸쭉한 커피로 음료라기보다는 죽에 가깝다. 이것은 물과 함께 서빙되므로 물과 번갈아 가며 천천히 마시는 것이 그 맛을 제대로 즐기는 요령이다. 저녁 식사 후에는 민트 주와 함께 나오기도 한다. 커피를 다 마신 후에는 커피 잔을 받침 위에 엎어 놓고 남은 커피가 흘러서 생긴 흔적으로 그 날의 운세를 점치기도 한다.

오스만 제국 시절부터 지금까지 커피는 터키의 생활 방식과 문화에서 중요한 위치를 차지하고 있다. 카흐베가 대중화되면서 시중에는 '카흐베 하네'라는 터키식 커피 집이 생기게 되었다. 이슬람 문화 속에서 여인들은 바깥 출입이 자유롭지 못했으므로 주로 남자들이 카흐베 하네를 이용하였고, 이것은 오늘날까지도 단순한 커피 집이 아니라 중요한 사회적 장소가 되었다.

터키에서는 담배 가게나 땅콩을 파는 곡물 가게에서 직접 커피를 팔고 있으며, 커피의 맛이 굉장히 진하다는 것이 특징이다. 유럽에 커피를 전한 사람은 터키인들이며, 16세기 중반 이스탄불에 커피 점이 생긴 이후 북아프리카와 동유럽의 도시에도 커피 음용의 습관이 보급되었다.

4) 인도

인도에서는 아침 식사로 커피나 홍차와 함께 차파티, 파라타, 푸리 등의 빵, 오플렛 등을 먹는데, 인도의 북쪽 지방에서는 주로 홍차를, 커피가 생산되는 남쪽 지방에서는 커피를 이용한다. 인도의 커피도 특색이 있는 데 컵을 양 손으로 잡고 이리저리 움직이면 설탕과 우유가 잘 섞이면서 거품이 있는 뜨거운 커피가 만들어진다.

인도에서의 커피 역사를 살펴보면 1600년 아라비아에서만 경작되어 종자용 씨의 반출이 엄격히 통제되던 예멘(모카)에서 이슬람교 승려인 바바 부단이 7알의 씨를 몰래 인도로 밀반출, 인도 남부의 마이소르산에 심었고 재배에 성공하게 되었다. 이렇게 하여 인도는 예멘에 이어 두 번째로 커피를 경작한 나라가 된 것이다. 현재 인도 커피가 대부분 마이소르(Mysore)로 알려진 것도, 마이소르산이 있는 남부의 카르나타카(Karnataka)주가 인도 커피의 주생산지가 된 이유도 이 때문이다.

마이소르 지역에서는 한때 실론섬에서 시작된 커피 녹병(Rust Disease)이 인도와 인도네시아를 모두 휩쓸었을 때 그 때까지 경작해 오던 아라비카종을 포기하고 로부스타종으로 대체하게 되었다. 그러나 1900년대에 들어서 카르나타카주의 많은 농장들이 다시 개량된 아라비카종을 재배하게 되었고, 지금은 고급 아라비카와 로부스타를 모두 생산하는 지역이 되었다.

인도에서는 아직 커피의 1인당 연간 소비량이 홍차에 많이 미치지 못하지만, 근래 커피 바가 급속히 증가하면서 커피의 국내 수요도 상당히 증가하였다.

about coffee

2. 유럽

1) 이탈리아

유럽에 커피가 처음 전해졌을 때, 커피가 이교도의 음료라 해서 배척당했다. 커피 금지 요청을 받았던 교황 클레멘트 8세가 커피를 마셔 본 이후 그 맛에 반하여, 이렇게 맛있는 것을 이교도만 먹을 수 없다며 세례를 주고 난 후 급속도로 퍼지게 되었다고 한다.

미국이나 일본에서는 연한 커피를 머그 컵으로 가득 마시는 것을 좋아하지만, 유럽에서는 일반적으로 커피를 매우 진하게 마시는데, 남쪽으로 내려올수록 더욱 진해진다. 특히 이탈리아에서는 농도가 가장 진한 에스프레소를 즐겨 마시는데, 에스프레소는 이탈리아에서 프랑스를 거쳐 일본, 우리 나라로 전해지기도 했다. 이탈리아에서 풀 코스로 식사를 주문하면 최종적으로 진한 에스프레소가 나온다.

17세기에 커피가 이탈리아에 전파되었을 때는 묵직한 바디감과 설탕의 달콤함을 느낄 수 있는 터키식 커피였다고 한다. 오스만 제국 때 투르크족은 일부 서유럽, 지중해와 아프리카 지역에 터키식 커피를 전파하는 데 크게 공헌하였다. 투르크족이 오스트리아를 철수하면서 커피를 남겼는데, 이를 이용해 첫 번째 커피하우스가 비엔나에 생겼다고 한다. 비엔나에서 커피 음료의 판매를 위해서 새로운 방법을 모색하였는데, 첫 번째가 커피의 찌꺼기를 거르는 것이고, 두 번째는 커피 음료에 우유를 섞어 마시는 것이었다. 서유럽의 찌꺼기 없는 커피에 우유를 첨가하는 특징과 지중해와 일부 동유럽의 터키식 스타일의 특징인 소량의 진한 커피를 마시는 문화에 영향을 받아, 이 두 문화의 중간에 위치한 이탈리아가 지금의 에스프레소를 발전시켰다.

일반적으로 이탈리아의 북부 지역은 중배전의 에스프레소를, 그리고 남부로 내려갈수록 강배전을 선호하는 경향이 있다. 이는 날씨와 관계가 있는데, 남부 지역은 더워서 음식이 쉽게 부패하기 때문에 옛날부터 소금과 식초에 절인 음식이 발달하였고, 자연히 자극적인 맛과 향을 선호하게 되었다.

각 지역 에스프레소의 특징을 살펴보면, 북부 지역은 견과류 맛, 풍부한 향, 약간의 신맛과 단맛을 가지고 있고, 중부 지역은 약간의 쓴맛, 스모키한 맛과 향의 여운을 남기며, 남부 지역은 단맛과 다양한 맛이 적은 반면 쓴맛과 탄맛이 많고 강한 여운을 가지고 있다.

▶ 베니스의 카페 플로리안

▶ 카페 플로리안 외관 전경

▶ 밀라노의 노천 카페

▶ 베니스의 작은 카페들

▶ 사랑방의 역할을 하는 전형적인 이탈리아 카페의 모습

카페나 바에는 스탠딩 테이블 형태가 많아서 소량의 에스프레소를 즐기고 나가는 형태로 우리 나라처럼 만남의 장소라기보다는 순수하게 커피를 마시기 위한 장소로 인식되어 있다.

2) 포르투갈

포르투갈인들도 기호 식품으로 차나 커피를 즐긴다. 커피의 명칭도 다양한데, '갈라옹(galao)'은 커다란 잔에 우유를 섞은 커피이고, '가로투(garoto)'는 작은 잔의 밀크 커피, 그리고 '비카(bica)'는 블랙 커피를 뜻한다. 그 밖에 이탈리아의 에스프레소와 같은 맛도 있다.

3) 프랑스

루이 14세는 1664년 처음 커피를 마셔 본 후, 1670년경부터는 해마다 네덜란드 황실 전용의 커피를 수입하였다. 그 후 네덜란드의 암스테르담 시장이 루이 14세에게 커피나무를 선물하였고, 이 커피나무는 미국의 식민시인 마르티니크섬으로 이식되어 재배에 성공한 후 프랑스령인 가이아나로 옮겨져 번성하면서 프랑스의 커피 시장 지배가 가능하게 되었다. 그러나 1793년 아이티에서 일어난 노예 폭동으로 인하여 프랑스는 커피 시장 지배력을 잃고 말았다.

▶ 파리의 노천 카페

문학 카페인 프로코프는 프랑스 최초의 카페로 1686년에 문을 열었으며, 루소, 발자크, 빅토르 위고 등 유명한 작가들이 즐겨 모였을 뿐만 아니라, 혁명 당시에는 개혁 정치인들의 집합 장소였다고 한다.

원래 '카페'란 커피를 주로 마시며 간단한 식사도 하고 술도 파는 곳을 말한다. 프랑스는 햇빛이 적은 나라이기 때문에 햇빛을 잘 받을 수 있는 노천 카페가 많다. 이 곳에서 아침에는 카페오레와 크로와상을 먹지만, 점심이나 저녁 식사 후에는 아주 진한 커피에 설탕만 넣어 마신다. 프랑스 사람들은 커피에 프림을 섞는 경우는 거의 없으며, 프림이 섞인 커피를 원할 때는 카페오레를 시켜야 한다.

4) 오스트리아

오스트리아에 커피가 소개된 것은 오스만 투르크가 비엔나를 포위했을 때인 1683년 경이다. 후에 오스만 투르크가 물러가고 폴란드 장교에 의해서 중부 유럽 최초의 카페가 열리게 되었다. 그 장교는 커피가 점령군의 음료라는 오스트리아 인들의 인식을 바꾸기 위하여 커피를 여과시키고 우유를 첨가하는 등 변화를 꾀하였다.

흔히 비엔나는 카페의 도시라 불리는데, 1863년 세계에서 가장 먼저 카페가 생긴 곳이기도 하지만, 현재 비엔나 시내에만 1,500개가 넘는 카페가 있기 때문이다. 비엔나의 카페에서 판매하는 커피의 종류로는 블랙커피인 모카, 크림을 얹은 카푸치노, 밀크를 조금 탄 브라우너, 밀크를 커피 양만큼 듬뿍 섞은 멜랑제, 우리 나라에서 비엔나 커피로 알려진 아인슈패너, 커피에 럼주를 넣은 모카 케슈프릿츠, 진한 맛의 터킷셔 등 약 10여 가지가 있다. 사람은 보통 오후 4시경이면 커피와 과자를 먹기 위해 카페를 찾는다.

5) 독일

독일에서는 1680년대부터 도시를 중심으로 전 국민들이 커피를 마시기 시작하였다. 그 후 1750년경부터는 로스터기, 커피 제분기와 도자기로 만든 커피 잔 세트들이 대부분의 도시 가정에, 그리고 1850년경부터는 시골 가정에까지 들어오게 되었다. 커피 제분기의 종류로는 벽에 거는 것, 무릎 사이에 끼는 것, 손으로 잡는 것, 그리고 식탁에 나사로 단단히 고정시키는 탁상 제분기 등이 있었다. 오늘날에는 이러한 것들을 벼룩 시장이나 박물관에서나 볼 수 있다.

독일에서 아침 식사로 수프를 먹던 식습관은 1,000년 이상 계속 되었지만, 150년쯤 전부터는 커피를 마시는 것으로 바뀌게 되었다. 17~18세기에 커피는 최신 유행 음료에서 평범한 음료로 변화되었다.

독일은 원두 커피를 얻을 수 있는 식민지가 없었기 때문에 막대한 돈을 지급하고 수입할 수밖에 없었다. 따라서 서민들의 세금 부담을 줄이기 위해 프리드리히 2세는 커피 검소화 명령을 내렸다. 즉, 보리, 쌀보리나 치커리로 만든 커피 대용 음료가 개발된 것이다. 1775년경에는 커피 대용품이 프로이센으로, 1800년경에는 프랑스와 벨기에까지 전파되었다. 수백년간 서민들의 식탁을 차지하였던 커피 대용품과 혼합 커피는 1918년경 독일에서만 약 400종류 이상을 차지하였다. 그 후 원두 커피와 함께 커피잔 세트들이 손님 접대용으로 등장하게 되었다.

독일에서 첫 번째로 영업 허가를 받은 커피숍은 1673년 브레멘 지방의 한 네덜란드 사람에게 주어졌고, 두 번째는 1677년 함부르크에 살던 영국인에게 주어졌다. 이렇게 17~18세기에는 독일 대부분의 커피숍을 외국인이 운영하였다. 그 후 점점 더 고급 형태의 커피숍들이 생겨났고, 이 곳은 만남과 커뮤니케이션의 장소로 이용되었다.

식사에 변화를 가져온 근본적인 원인은 커피와 차를 음료수로 선호하게 되면서부터였다. 귀족들은 저녁 늦게까지 먹고 마셨기 때문에, 아침이면 식욕이 없어 커피를 마셨다. 1800년대 전반기에는 아침은 물론 점심에도 커피로 식사를 대신하게 되었는데, 이런 습관은 빠르게 확산되어 노동자와 농민들도 일에 쫓겨 아침과 점심을 간단한 커피로 대신하게 되었다.

그러다가 19세기 중반 이후 산업화와 도시화가 촉진되면서 다시 점심을 중시하는 옛 전통이 되살아나기 시작했다. 즉, 장시간의 노동 때문에 아침, 점심을 커피로 하는 것이 어려워, 점심에는 따뜻한 식사를 하게 되었다. 이들은 점심에 식사를 제대로 하고 저녁에는 간단히 먹고 쉬고 싶어 했기 때문이다.

독일의 대표적인 커피 전문점인 '치보(Tchibo)'에는 하루 종일 신선한 커피를 갈아 가려는 사람들로 붐빈다. 이 곳에서는 손님의 취향에 따라 커피를 섞어서 갈아 주기도 하고, 커피나 커피 관련 소품이 아닌 일반 상품도 팔고 있다. 커피를 마시고 나면 마음이 여유로워져서 구매욕이 높아지는 것을 이용한 마케팅 전략이라고 한다.

독일 사람들도 진한 커피를 즐기며, 빵집이나 길거리에서 탁자에 기대 서서 커피와 빵을 아침으로 먹거나 커피에 조각 케이크로 티타임을 즐기는 사람들을 곳곳에서 볼 수 있다. 또한 아기를 낳은 후에도 바로 샤워를 하고 진한 커피를 마시는 것을 보면 우리로서는 이해되지 않는 부분이다.

▶ 야콥스 커피

▶ 달마이어 커피

▶ 치보 커피하우스

▶ 노천 카페

6) 영국

19세기에 네덜란드로부터 실론(Ceylon)섬을 이양받은 영국은 커피 재배에 노력하였고, 실론을 전세계 생산량의 50%를 차지하는 세계에서 가장 큰 커피 생산지로 부상시켰다. 그러나 실론의 커피나무에 치명적인 녹병(Rust Disease)이 발생하여 아라비카종이 전멸하였다. 1890년 영국은 커피나무를 뽑고 차나무를 심으면서 커피 대신 차를 마시자는 대대적인 홍보를 벌인 결과, 커피의 나라에서 차의 나라로 변하였다.

영국의 커피하우스는, 한 상인이 터키의 스미르나(Smyrna)에서 커피를 마셔 보고는 커피를 잘 끓이는 파스카 로제(Pasqua Rosee)라는 하인과 함께 영국으로 돌아와 자신의 집에서 친구들에게 커피를 대접한 데서 시작되었다. 그 후인 1652년경 작은 집을 지어 일반인들에게 커피를 판매하기 시작하였다. 런던에는 1690년까지 2,000개가 넘는 커피집들이 생겨났고, 그 곳에는 항상 많은 사람들이 모여들었다. 따라서 국왕인 찰스 2세(Charles II)는 정치적 이유로 커피하우스를 폐쇄하려 했으나 반대에 부딪쳐 폐쇄령을 철회하였다고 한다.

영국에서는 거품을 낸 생크림과 달콤한 황설탕, 위스키를 넣은 아이리시 커피가 유명하다. 베니스를 통해 유럽에 커피가 알려졌다고 하지만, 상업적으로 커피를 정착시킨 나라는 영국이다. 또한 질 좋은 서비스와 보다 나은 자리를 얻기 위한 방편으로 팁을 주는 전통도 영국에서 생겨났다.

about coffee

3. 아메리카

1) 미국

개척 초기 미국의 음식 문화는 원래 이 곳에 바탕을 두었던 원주민과 스페인, 프랑스의 영향을 받았다. 그 후 세계의 강자로 부상한 영국의 음식 문화가 미국 음식 문화의 기초가 되었고, 여기에 아시아를 비롯한 여러 나라의 음식 문화가 섞이면서 혼합된 음식 문화를 보이고 있다. 미국 사람들은 일에 중점을 둔 생활을 하기 때문에 식생활에 소비하는 노력을 최소로 하는 간편한 식사를 지향한다.

미국은 아라비카 커피를 선호하는데, 이것은 지리적으로 미국과 가까운 중남미 지역의 커피가 거의 100% 아라비카 커피이기 때문인 것으로 볼 수 있다. 미국의 커피 시장이 고급 커피를 선호하게 된 것은 최근 25년의 일이다. 340년의 음용 역사를 가지고 있는 미국이지만, 1970년대까지는 질이 형편 없는 커피를 습관적으로 마셔 왔다. 그러나 1980년경부터 엄격한 경작과 정과 처리를 거친 최상급의 커피인 스페셜티 또는 고메이 커피(Specialty or Gourmet Coffee)를 선호하면서 미국을 고급 커피의 나라로 만들었다.

미국에는 하와이와 푸에르토리코 등 몇 개의 커피 생산지가 있는데, 그중 가장 큰 하와이섬의 코나가 미국 커피의 주산지이다. 하와이에서 생산되는 모든 커피는 코나 지역에서만 재배되고 코나라는 상표가 붙게 되는데, 코나는 세계 최고급 원두 중의 하나로 분류되며, 해발 4,000m 이상의 마우나로아 화산의 비탈진 언덕에서 재배된다. 약간의 신맛과 톡 쏘는 맛이 있고 향이 좋아 스트레이트 커피로 즐기는 것이 좋으며, 원두의 크기와 결점두 수에 따라 코나 엑스트라 팬시(Kona Extra Fancy), 코나 팬시(Kona Fancy), 코나 프라임(Kona Prime)등의 등급으로 분류된다.

미국에서 커피의 연간 소비량은 다른 어느 나라보다 많은 2,000만 포대(bag) 이상의 수준이다. 그 다음이 브라질로 1,500만 포대를 소비하고

▶ 하와이 코나 커피

▶ 하와이 커피

있다. 미국을 대표하는 커피 브랜드인 스타벅스는 1971년 시애틀에서 탄생하였고, 현재 세계 30여 개국에 5천 개가 훨씬 넘는 매장을 운영하고 있다. 이 중 미국에 4,000여 개가 있고, 다른 나라에 1,000개가 넘는 매장이 있다. 2001년 11월 오픈한 서울 논현동점이 인터내셔널 1천호점이다.

미국의 카페는 유럽과 달리 손님들이 오래 머무를 수 있는 형태로, 책을 읽거나 사람을 만나 이야기하는 장소로서의 역할을 한다. 따라서 카페라테같이 큰 사이즈의 에스프레소 음료가 발달되었다. 1990년대 초반 시애틀에서 에스프레소 베리에이션에 시럽을 혼합해 마시면서 시럽의 대중화가 시작되었다. 또한 포장 음료 문화의 발달로 더 많은 커피 소비가 가능해졌는데, 테이크아웃 컵을 들고 거리를 다니며 마시는 새로운 문화 코드가 자리잡게 되었다.

2) 브라질

세계 최대 커피 생산국인 브라질에 커피가 전해진 것은, 1727년경 포르투갈 장교 팔헤타(Palheta)가 프랑스로부터 몰래 빼내 온 커피 묘목을 브라질 파라(Para)에 심으면서였다. 아이티의 노예 폭동, 실론의 녹병으로 인해 프랑스와 영국의 커피 시장이 그 역할을 상실하면서 브라질은 커피 대국으로 부상하였고, 1822년 포르투갈로부터 독립한 19세기 중반에는 세계 생산량의 절반을 차지하게 되었다.

한편 커피 농장을 운영하던 많은 유럽계 이민자들이 부를 축적하여 대부호들이 생겨나게 되었다.

현재 세계 약 70개국에서 커피를 재배하고 있는데, 전세계 생산 원두의 70%를 차지하고 있는 아라비카종의 주생산지 중 하나가 바로 브라질이다.

브라질의 전통 커피인 '카페징요'는 냄비에 물과 설탕을 넣고 가열하여 끓기 시작하면 커피를 넣고 잘 저은 다음 여과천(quador)에 걸러서 마시는 것이다.

카페징요용 커피는 강하게 로스팅한 커피를 사용하며 데미타스 컵에 마신다. 브라질에서는 아침 식사로 커피와 빵을 먹으며, 저녁 식사 때도 마지막으로 커피를 마신다.

과거에는 고품질의 상급 커피는 수출용으로, 하급은 내수용으로 사용되었으나, 최근 스페셜티 커피에 대한 관심 증가와 함께 상파울로에도 로스터리 커피숍이 여럿 생겨나는 추세이다.

▶ 상파울로의 고급 로스터리 숍 'Suplicy'

▶ 상파울로의 'Santo Grao'

3) 멕시코

멕시코는 세계 4위의 커피 수출국이다. 한국에서는 아직 멕시코 커피에 대해 많이 알려져 있지 않지만, 예멘의 커피가 적포도주에 비유될 때 멕시코의 커피는 백포도주를 연상시킨다는 평을 받고 있다. 한국에도 멕시코의 고지대에서 생산되는 멕시코 알투라(Mexico Altura)라는 이름의 커피가 유통되고 있다. 또한 멕시코 마라고지페(Mexico Maragogipe)라는 특별한 커피도 있는데, 여기서 마라고지페란 기형적으로 큰 원두를 말하며 코끼리 원두(Elephant Bean)라고도 부른다. 이것도 피베리와 마찬가지로 따로 모아 놓으면 아주 특별한 맛을 연출하는 고가의 상품이 된다.

4) 캐나다

캐나다에서 가장 많이 팔리는 커피는 필터 커피이며, 가장 인기 있는 체인점은 팀 호튼스(Tim Horton's)이다. 캐나다는 미국과 같은 문화를 공유하고 있지만 커피만큼은 자국 브랜드를 선호한다. 팀 호튼스는 1964년에 오픈한 이래 캐나다 전역에 2,200여 개의 매장이 있다. 또한 커피와 함께 먹을 수 있는 도넛, 케이크, 머핀, 샌드위치 등 약 50여 가지의 다양한 메뉴를 판매한다.

팀 호튼스 다음으로 많은 매장을 가지고 있는 체인점은 세컨드 컵(Second Cup)이다. 팀 호튼스와는 다른 분위기로 에스프레소를 이용한 모든 메뉴를 판매한다. 커피 맛은 풍부하고 진하다.

토론토는 더블 슈거(double sugar), 더블 크림(double cream)의 옵션을 붙여서 주문하는 사람이 많은 것으로 보아, 진한 커피보다는 구수한 맛을 즐긴다는 것을 알 수 있다. 또한 블랜드 커피보다는 일반 커피를 더 선호하며, 샌드위치나 쿠키 등의 간단한 스낵과 함께 마실 수 있는 커피를 즐긴다. 특별한 커피 문화는 없지만, 많은 카페와 전문 체인이 있다.

about coffee

4. 아프리카

1) 모카

모카는 고대부터 아라비아 펠렉스에서 생산된 향료나 몰약 등을 지중해로 운반하던 홍해에 위치하던 항구이다. 16세기에 들어서 중동 지역과 인노와의 부역이 활발해짐에 따라 모카항은 비약적인 발전을 하게 되는데, 여기에 유럽의 대형 해운 회사가 예멘의 커피를 선적하기 시작하면서 황금기를 맞게 되었다.

그러다 아시아와 서인도산의 식민지 커피가 유럽에서 모카 커피와 경쟁을 하면서 쇠퇴의 길을 걷기 시작했지만, 오늘날에도 예멘과 에티오피아에서 생산된 최고급 아라비카 원두를 모카 커피라고 부르고 있다. 한때 브라질 커피도 모카항으로 수입되어 건조시킨 다음 모카 커피로 둔갑시켜 수출되기도 했다고 한다.

전통적인 예멘 커피는 껍질째 말린 커피 열매를 구워 그대로 빻은 후 끓는 물에 넣어 끓여 마신다. 모카 커피 원두는 작고 둥글둥글하여 외모는 마치 피베리와 비슷하며, 케냐 커피와 같이 산뜻한 맛에 강한 신맛을 지니고 표현하기 어려운 자극적이고 이국적인 풍미가 있다. 향은 초콜릿 향이 있으며 독특한 개성이 있다. 예멘 모카 커피는 원두에 카페인이 적게 함유되어 있으며, 외관이 못생겼지만 풍부한 향을 지닌 개성적인 커피로 알려져 있다.

2) 에티오피아

에티오피아는 커피가 제일 처음 발견된 곳으로, 커피의 고향이라고 할 수 있다. 지금도 고원에서는 커피나무가 야생으로 자라고 있는 것을 쉽게 찾아볼 수 있다.

에티오피아인들은 전통적으로 아침, 점심, 저녁 약 2~3회 정도 커피를 마시는데, 이와 관련된 여러 의식들이 있으며, 의식에 초대되었다는 것은 친구가 되었음을 의미한다. 의식은 전통 의상을 입은 여인에 의해 주도되는데, 그 순서는 다음과 같다.

먼저 생두를 팬에 볶으면서 그 향을 감상한다. 원두에서 기름이 나오는 때쯤에 불에서 내려 절구에 넣고 빻는다. 분쇄 원두를 물과 함께 제베나(Jebena)라고 불리는 작은 항아리에서 일정 시간 끓인 뒤 체에 걸러 작은 컵에 따른다. 의식에 참가한 최연소자는 커피가 준비되었음을 회중에게 알리고, 최고 연장자를 시작으로 차례대로 서빙 받는다. 전통적으로 최소 세 잔 이상 음용해야 하는데, 그래야만 축복을 받는다고 인식되어져 있다. 첫 번째 잔은 '아볼(Abol)', 두 번째는 '토나(Tona)', 세 번째는 '바라카(Baraka)'라고 부르며, 많은 양의 설탕을 첨가하나 우유는 넣지 않는다. 땅콩이나 구운 보리 등과 함께 마시기도 한다.

한편 커피를 보리, 밀, 병아리콩 등과 함께 볶은 부나켈라(Bubakela)는 대중적으로 사랑받는 음료로 가족 모임, 약혼식, 아이가 처음 태어난 날 등과 같이 경사스러운 날 애용된다.

하라(Harrar)에서는 커피 잎을 볶아서 분쇄한 후 물에 우려 낸 쿠티(Kuti), 체리 껍질을 우유와 함께 끓인 호야(Hoja) 등을 음용한다.

카피쵸(Kaficho)와 샤키쵸(Shakicho)에서는 야생 커피 잎을 채취하여 후추, 생강 등과 같은 향신료 등과 함께 물에 달여 마시는데, 약으로 사용되고 있다.

▶ 커피 의식에 사용되는 기구들

3) 케냐

해발 2,000m 고산 지대에서 나는 케냐 커피는, 특유의 쌉쌀한 맛과 과일 맛을 지니는 고급 원두이다. 향이 강하고 맛의 균형이 잘 잡힌 고급 커피로, AA++, AA+, AA, AB 등으로 구분되어진다. 케냐 피베리 또한 커피 마니아들을 흥분시키는 좋은 커피로 알려져 있다.

케냐 피베리는 외관이 완벽하고 무게감이 느껴지는 강력한 커피이며, 강배전하였을 때는 열대 과일 향의 단맛도 느낄 수 있다.

독특한 커피 맛을 원할 때는 블렌딩(Blending)용으로 사용하기도 하며, 일반적으로 짐바브웨(Zimbabwe) 커피와 유사한 맛과 모양을 가지고 있어 종종 혼돈되는 경우가 있다.

▶ 요하네스버그의 커피숍

4) 탄자니아

탄자니아 커피는 아프리카의 최고봉인 킬리만자로 산록에서 재배되고 있다. 품위 있는 산미와 단맛, 풍부한 초콜릿 향을 겸비하고, 다른 커피에 비해 약간 부드러운 맛이 특징으로, 아침과 저녁에 마시기 좋다. 그러나 아프리카에서는 커피를 원주민들이 마시기보다는 주로 수출하고 있다.

▶ 여러 가지 탄자니아 커피

2

생 두

1. 한 잔의 커피
2. 커피의 여러 품종
3. 커피나무의 이모저모
4. 생두를 얻기까지의 과정
5. 파치먼트 제거와 생두 선별
6. 등급 책정
7. Packing
8. 보관

브라질 상파울로 「Santo Grao」

about coffee

1. 한 잔의 커피

아관파천 당시 고종과 순종이 처음 마신 것을 계기로 한국에 전래되었다는 커피!!

약 100년 이상 음용되어 오면서 이제는 일부 계층의 전유물이 아니라 성별과 연령에 관계 없이 모든 사람이 즐기는 우리 문화의 일부분이 되었다.

그렇다면 매일 마시는 커피는 어떻게 해서 만들어지게 되는 것일까?

간단히 설명해 보면 다음과 같다.

커피나무에는 체리라고 하는 빨간색 열매가 열린다. 그 안에는 2개의 씨앗이 마주보며 자리하고 있는데, 녹색을 띠며 생두(Green Bean)라고 한다.

생두를 불에 볶으면 시간이 경과함에 따라 검은색으로 변하고 부피가 커진다. 이 검게 변한 작은 알갱이가 원두(Roasted Bean)이며, 원두를 가늘게 분쇄한 후 여러 가지 추출 기구를 이용해 추출하면 한 잔의 커피가 된다.

커피나무는 여러 품종이 있으나 상업적으로 재배되는 것은 크게 2가지인데, 고품질의 원두커피는 아라비카종의 생두를 주로 이용하고, 인스턴트 커피는 카네포라종(로부스타종) 생두를 이용한다.

about coffee

2. 커피의 여러 품종

커피는 식물학적으로 코페아(Coffea)속에 속하는 다년생 상록 쌍떡잎 식물로 분류되며, 원산지는 아프리카의 에티오피아로 추정된다.

상업적으로 재배되는 품종은 아라비카종(Coffea Arabica)과 카네포라

▶ 커피벨트(coffee belt)

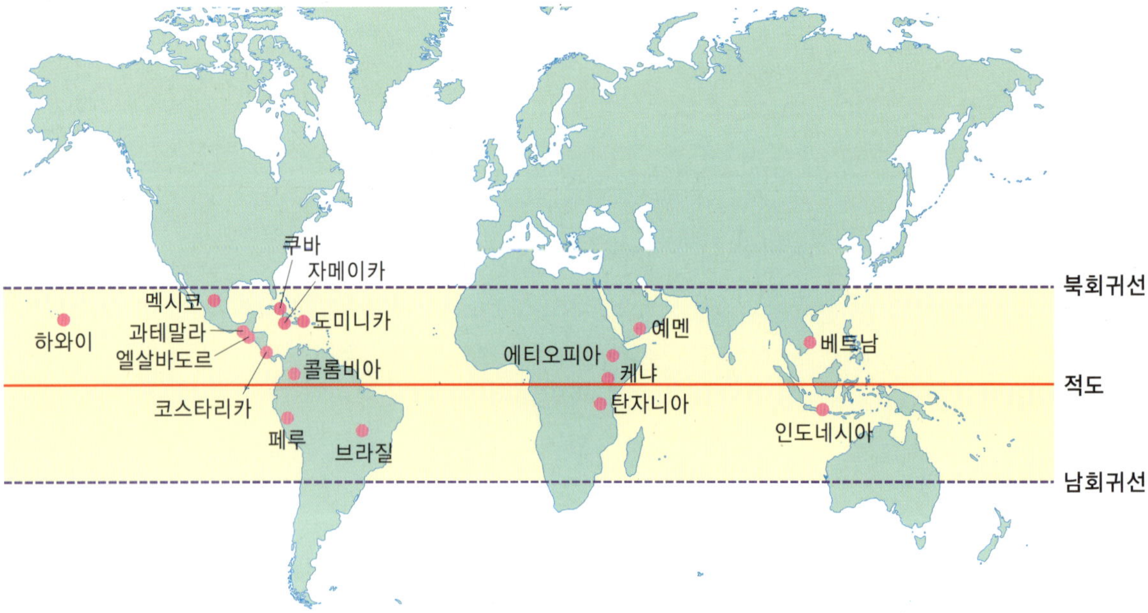

종(Coffea Canephora : Robusta)이다. 일부 리베리카종(Liberica)도 재배되고 있으나 크게 상업적으로 가치가 있지는 않다.

커피나무는 북회귀선과 남회귀선 사이의 온화한 기후 지역에서만 자라는데, 이 지역을 커피벨트(coffee belt) 또는 커피존(coffee zone)이라고 부른다.

좋은 커피를 생산하기 위해서 가장 중요한 것은 기후, 고도, 토양이다. 아라비카종과 로부스타종 나무의 특징을 살펴보면 다음과 같다.

▶ 아라비카종 나무

1) 아라비카종

에티오피아가 원산지로, 세계 커피 총 생산량의 약 70%를 차지한다.

연평균 기온 15~24℃, 해발 900~2,000m의 고지대에서만 생산 가능하다. 한편 토양도 제한적인데, 배수가 잘 되고 미네랄이 풍부한 화산재 토양으로, 1m 정도 되는 커피나무의 뿌리를 잘 지탱해 줄 수 있어야 한다.

면역력도 약해서 커피 잎사귀가 누렇게 변하는 녹병에 쉽게 감염된다.

헥타르당 평균 생산량은 1,500~3,000kg으로, 2,300~4,000kg인 로부스타종과 비교하면 적고, 규칙적인 비, 충분한 햇빛을 필요로 한다.

생두의 모양은 평평한 타원형으로 길이가 길고 진한 녹색을 띤다.

고급 스페셜티 원두커피 제조시 사용되는데, 부드럽고 달콤한 맛, 풍부한 향을 지녔고, 카페인 함량은 약 1~1.7% 정도이다.

아라비카종 중 버본(Bourbon)과 타이피카(Typica)종이 가장 오래 되고 널리 알려진 품종이지만, 전 세계로 퍼져 나가 재배되면서 카투라(Catura), 카투아이(Catuai), 문도노보(Mundo Novo), 마라고지페(Maragogype), 카티모르(Catimor)종 등의 변종이 생겨났다.

브라질, 콜롬비아, 자메이카, 멕시코, 과테말라, 케냐, 인도, 탄자니아, 코스타리카 등의 국가에서 재배된다.

▶ 아라비카종 생두

2) 카네포라종(로부스타종)

19세기 말 콩고에서 발견된 카네포라종은, 아라비카종에 비해 병충해에 강하고 성장이 빠르며 800m 이하의 고도에서도 무난하게 자랄 수 있다.

이와 같이 까다롭지 않은 생육 조건으로 인해 농부들에게 인기를 끌었고, 20세기 초부터 급속도로 전 세계로 퍼져 나갔다. 현재는 총 커피 생산량의 약 25%를 차지한다.

로부스타종과 코닐론(Conilon)종이 대표적 품종이고, 생두의 모양은 동글동글하며 짧은 타원형이다. 로부스타종이 생산량의 대부분을 차지하므로 카네포라종이라는 명칭 대신 로부스타종으로 불린다.

나무의 높이는 약 10m 정도지만, 수확을 용이하게 하기 위해 항상 1.5m가량으로 유지시킨다. 카페인 함량은 2~3%로, 거칠고 쓴맛이 강하며, 향은 밋밋하다. 인스턴트 커피와 캔커피 제조에 사용된다.

마다가스카르, 우간다, 콩고, 카메룬, 코트디부아르, 인도, 인도네시아, 타이, 베트남 등에서 주로 재배된다.

▶ 로부스타종 나무

▶ 로부스타종 생두

Tip ▶ 아라비카의 여러 품종의 이해

① **타이피카(Typica)** : 아라비카 원종에 가장 가까운 품종이다. 모양은 긴 타원형으로 끝이 뾰족하고 폭이 좁으며, 길이는 약 1cm이다. 녹병에 취약하여 생산성은 낮으나, 상큼한 레몬향, 꽃향 등을 느낄 수 있고, 달콤한 뒷맛이 있다. 중미에서는 아라비고(Arabigo), 크리올로(Criollo) 등으로 불리기도 한다.

② **버본(Bourbon)** : 작고 둥근 편이며, 센터컷(생두 가운데에 있는 굽은 도랑)이 S자형이다. 수확량은 타이피카에 비해 20~30% 많다. 기존에는 타이피카의 변종으로 분류되었으나, 일부에서는 '버본' 원종이 존재했다고 주장하기도 한다. 그 이유는 타이피카종과 비교했을 때 버본종의 나뭇잎이 넓고 체리는 더 둥글며 작고 밀도가 높기 때문이다. 또한 버본 특유의 맛과 향을 가졌는데, 와인에서 느낄 수 있는 새콤한 맛, 달콤한 뒷맛 등이며, 이를 버본 플레이버(Bourbon Flavor)라고 부른다.

③ **카투라(Catura)** : 브라질에서 발견된 버본의 돌연변이로 1937년부터 상업적으로 재배되기 시작했으며, 녹병에 강해 생산성이 높다. 레몬과 같은 상큼한 신맛을 느낄 수 있으나, 타이피카나 버본보다는 단맛이 적다. 생두의 크기는 작고 단단하다.

④ **문도노보(Mundo Novo)** : 버본과 타이피카의 자연 교배종으로 1950년부터 브라질에서 재배하기 시작했다. 장점은 환경적응력이 좋고 병충해에 강하다는 것이다. 현재는 카투라와 카투아이와 함께 브라질 주력 상품이다.

⑤ **카투아이(Catuai)** : 문도노보와 카투라의 교배종이다. 병충해와 강풍에 강하고, 매년 생산되나 생산 기간이 10년으로 짧은 것이 단점이다.

⑥ **마라고지페(Maragogype)** : 타이피카의 변종으로 일반 생두에 비해 비정상적으로 크며, 코끼리빈(Elephant Bean)으로 불린다. 브라질의 마라고지페라는 곳에서 처음 발견되었으며, 부드럽고 미묘한 단맛을 지녔다. 생산성이 낮다는 단점이 있다.

⑦ **카티모르(Catimor)** : 1959년 포르투갈에서 처음 시도된 품종으로, 아라비카종 카투라와 로부스타종 티모르의 교배종이다. 병충해에 강하고 생산성이 높아 동아프리카에서 재배되기 시작했다. 신맛과 함께 후미에서 짠맛도 느낄 수 있다.

about coffee

3. 커피나무의 이모저모

품종에 따라 약간의 차이는 있겠으나, 모든 커피나무는 다음과 같은 특징을 가지고 있다.

▶ 익기 전 초록빛의 체리

1) 빨간 열매 '체리'

커피의 열매는 체리라고 부른다. 약 15~17mm 정도의 크기로 동그라며, 익기 전의 상태는 초록색이나 익으면서 빨간색으로 변한다. 모든 체리가 빨간 것은 아니고 브라질에서 처음 발견된 아라비카 카투아이 아마렐로(Catuai Amarelo)종의 열매는 노란색을 띠기도 한다. 한 나무에서도 체리가 익는 시기가 조금씩 달라서, 일반적으로 가지에서 가장 가까운 부분이 먼저 익고, 중간, 맨 끝 순으로 익어 가기 시작한다.

과육의 당도는 비교적 높으나 두께가 약 1~2mm로 과육이 차지하는 부분이 적어 과일로 이용되고 있지는 않다.

체리를 잘라 그 내부 구조를 살펴보면 다음의 그림과 같다.

▶ 체리

▶ 체리 구조

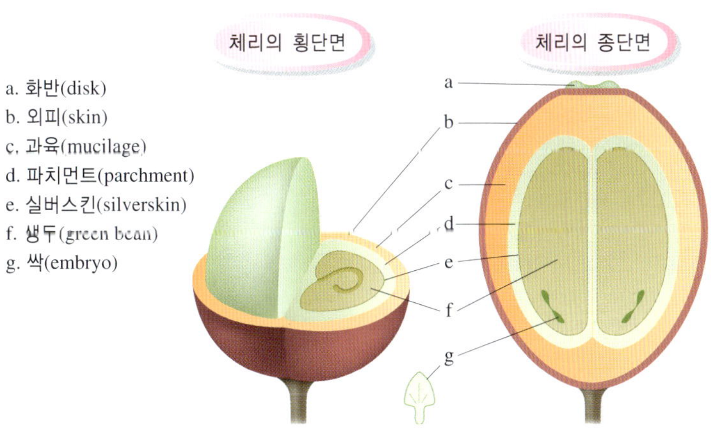

▶ 카투아이 아마렐로종 노란색 체리

▶ 파치먼트

체리의 가장 바깥쪽에는 껍질에 해당하는 외피가 있다. 그 안에 과육 → 파치먼트(내과피) → 실버스킨(은피) → 생두의 순으로 자리한다.

2) 생두

한 개의 체리에는 2개의 씨앗(생두)이 서로 마주보고 있는데, 마주보는 면은 평평하고 반대쪽은 둥글다.

생두는 '실버스킨(silverskin)'이라는 은색의 얇은 막이 둘러싸고 있는데, 이것을 다시 노란색의 파치먼트(껍질, parchment)가 감싼다. 일반적으로 커피 씨앗을 땅에 심을 때에는 생두가 아니라 파치먼트 상태에서 심어야 싹이 난다.

갓 수확한 생두는 푸른색으로 강하고 매콤한 향기를 지녔다. 그러나 시간이 경과함에 따라 색깔은 점점 노란색으로 변하고 냄새도 약해진다. 따라서 신선한 생두와 오래 보관한 생두는 색깔과 향으로도 쉽게 구별할 수 있다.

Tip ▶ 피베리(Peaberry)

▶ 피베리

하나의 체리에 항상 두 개의 생두가 자리하는 것은 아니다. 가지의 끝 쪽에 있는 체리에는 생두 하나만 들어 있는 것을 발견할 수 있는데, 이를 피베리(Peaberry) 또는 카라콜리로(Caracolillo)라고 한다.

모양이 아주 둥글어 쉽게 식별 가능하다.

과거에는 생두를 로스팅할 때 팬을 이용했었다. 따라서 한 면이 납작한 생두보다 전체가 둥근 피베리가 균일하게 로스팅될 수 있었다. 따라서 피베리를 선호했던 것이다.

한편 일부에서는 씨앗이 두 개로 분리되는 것이 아니라 하나로 응집되기 때문에 특별한 맛이라고도 한다.

그러나 실제적으로 맛에서는 크게 차이를 느낄 수 없고, 특이한 것을 원하는 사람들의 '선호' 때문이라고 할 수 있다.

탄자니아, 카메룬, 부룬디, 베네수엘라, 콜롬비아, 에티오피아(하라) 등에서는 피베리만을 따로 분류하여 상품화하고 있다.

3) 잎사귀

▶ 아라비카종 잎사귀

잎사귀는 일반적으로 굵고 광택을 지녔다. 모양은 아라비카종과 로부스타종이 약간 차이를 보인다. 아라비카종은 폭이 좁고 길이가 긴 타원형이고, 로부스타종은 둥글고 아라비카종에 비해 크기도 매우 크다.

4) 꽃

꽃은 흰색으로 재스민 향과 아카시아 향을 섞어 놓은 것 같은 묘한 매력을 지녔다.

꽃이 한창 만빌했을 때의 커피 농장은 꼭 눈 덮인 실원 같아서 매우 낭만적이며 경이롭기까지 하다고 한다.

끝은 뾰족한 모양을 하고 있고 약 2~3일에서 길게는 1주일 정도 피는데, 열매를 맺기 위해 수정을 하고 나면 바로 시들어 버린다. 꽃이 시들고 수주 후에 작은 씨앗이 올라오는데, 이것이 성숙하면 체리가 되는 것이다. 아라비카종은 자가 수정, 로부스타종은 타가 수정한다.

▶ 꽃이 피어나기 전

▶ 꽃

▶ 꽃이 만개했을 때의 농장 모습

about coffee

4. 생두를 얻기까지의 과정

1) 씨앗심기

수확을 위한 첫 단계는 파종이다. 앞에서도 언급한 바와 같이 파치먼트 상태로 심어야 한다. 보관 상태만 좋다면 건조시킨 파치먼트도 가능하나, 되도록 건실한 것이 바람직하다. 파종 시기는 정해져 있는 것이 아니고 연중 어느 때나 가능하다.

아라비카종과 로부스타종 사이에는 차이가 있는데, 이 책에서는 아라비카종을 기준으로 설명하기로 한다.

로부스타종은 땅에 바로 씨앗을 뿌린다.

반면 아라비카종의 경우는 모래판에 파치먼트를 반쯤만 묻히게 두고 그 위에 젖은 짚을 덮어 둔다.

약 1~2일이 지나면 씨눈이 나오는데, 이 때 각각 하나씩 묘목용 화분으로 옮겨 심는다. 묘목용 화분은 폭이 약 10cm, 높이가 50cm 정도가 바람직하다.

발아하면 양쪽으로 떡잎이 나오게 되는데, 이 때 짚으로 된 그늘막을 덮어 준다. 이 그늘막은 조리와 같은 역할을 하는 것으로 직사광선에 노출되는 것과 비가 왔을 때 빗방울이 잎에 직접 닿는 것을 막아 준다.

한편 이 때의 뿌리는 약 1인치(2.54cm) 정도로, 농부들은 흔히 이 시기에는 어린아이를 다루는 것과 같은 정성과 주의를 쏟아야 한다고 강조한다.

떡잎이 나오고 약 4~5개월이 지나면 작은 묘목으로 성장한다. 묘목 크기가 20~40cm, 잎사귀는 3개 이상이 되면 농장으로 이식한다. 이식할 때에는 상품적 가치를 높이기 위하여 건강한 묘목들만 선별한다.

▶ 떡잎이 나왔을 때의 모습

▶ 묘목용 화분에 옮겨 심은 어린 커피나무

▶ 커피가 자라는 모습

▶ 농장으로 이식한 작은 묘목

▶ 그늘막에서 어린 커피를 키우는 모습

2) 열매맺기

묘목을 농장에 이식하고 3년 후부터 체리를 수확할 수 있다. 4~10년까지가 수확량이 가장 많고, 20년 후부터는 급격히 감소한다.

심은 지 수 년이 지난 나무의 경우 가지치기를 하여 수확량을 다시 늘리기도 한다.

커피나무가 자라는 환경에 따라 꽃 피고 열매 맺히는 시기와 횟수가 달라진다. 온도와 습도가 큰 영향을 미치는데, 고지대의 서늘한 기후 지역은 1년에 한 번 체리를 수확한다. 반면 저지대의 습하고 더운 지역은 3~4회, 심지어는 5회까지 꽃이 피고 열매가 열린다. 저지대의 나무에서는 한 가지에서 빨갛게 익은 열매, 익기 전 녹색을 띤 열매, 활짝 피어 있는 꽃, 피기 전의 꽃봉우리까지 모든 과정을 한꺼번에 볼 수 있는 풍경이 나타나기도 한다.

3) 수확

아라비카종의 경우 꽃이 지고 약 6~8개월 정도가 지나면 열매가 익기 시작한다. 체리가 익기까지는 고지대의 경우 약 6개월, 저지대는 3~4개월 정도 걸린다.

체리가 다 익고 나면 수확기가 시작되는데, 수확을 하는 방식은 농장의 상황에 따라 몇 가지로 분류된다.

▶ 핸드피킹(Hand－Picking)

첫째는, 잘 익은 체리만 선별, 손으로 직접 골라서 따는 방식으로, 핸드피킹(hand-picking)이라고 한다.

보통 수확하는 사람들이 허리에 바구니를 차고 잘 익은 체리만 따서 넣는다. 수확한 체리에 바람이 잘 통할 수 있도록 바구니는 대부분 나무로 엮어서 만든다.

또 다른 방법으로, 나무 밑에 커다란 천을 깔아 놓고 익은 체리를 따서 떨어뜨린 후 한꺼번에 수거하기도 한다.

안 익은 체리는 남겨 두었다가 다 익으면 따는데, 보통 1주일 간격으로 작업이 이루어진다.

이 기간 중에는 남녀노소 할 것 없이 농장의 인력은 모두 동원되고, 손이 모자랄 경우 사람을 따로 고용하여 수확하기도 한다. 노동력 손실과 인건비가 많이 든다는 단점이 있지만, 다 익은 체리만 선별하여 수확하기 때문에 고품질의 커피를 생산할 수 있다.

둘째는, 스트리핑(stripping)이다. 손으로 수확하기는 하나 체리를 하나씩 따는 것이 아니라 가지 전체를 훑어 내는 방식이다. 따라서 체리와 함께 잎사귀, 나뭇가지들도 떨어져 나오게 된다. 보통 나무 밑에 천을 깔아놓고 떨어진 체리를 한꺼번에 수거한다.

핸드 피킹에 비해서는 손이 덜 가지만, 익지 않은 체리도 함께 수확하기 때문에 커피 맛에 안 좋은 영향을 줄 수 있다.

마지막은, 기계를 이용하여 수확하는 방식으로, 메커니컬 피킹(mechanical picking)이라고 한다.

기계는 커피나무 전체를 감쌀 수 있을 정도의 크기로, 높이 2.5m, 폭 1.5m 정도이다. 일반적으로 기계와 수확된 체리를 담을 수 있는 컨테이너가 한 조를 이루어 같이 움직인다. 먼저 기계에 달려 있는 수십 개의 봉들이 나뭇가지를 털어 주면, 체리가 자동적으로 수확되어 기계의 일부인 관을 타고 컨테이너에 담기게 된다. 보통 브라질의 대규모 농장들에서 많이 사용하는데, 사람 손으로 일일이 수확이 어렵기 때문이다.

수확은 한 가지에 열려 있는 체리가 약 70% 정도 익었을 때 시작된다. 노동력 손실이 적기는 하나, 스트리핑과 마찬가지로 안 익은 체리들까지 한꺼번에 수확되어 커피 맛에 부정적인 영향을 미치기도 한다.

▶ 메커니컬 피킹

헥타르당 체리의 수확량을 높이기 위해서는 많은 기술적 노력들이 필요하다. 세계에서 커피를 가장 많이 생산하는 브라질의 경우는 대학 내에 커피를 연구하는 학과를 따로 두어 품종 개발, 수확량 증가에 관한 연구를 지속적으로 하고 있다.

콜롬비아에서는 국립중앙커피연구소에서 품종 개량을 위해 끊임없는 연구를 하고 있으며, 케냐는 국가적인 차원에서 Coffee Board of Kenya를 두어 생산품질관리 마케팅을 철저히 관리하고 있다.

▶ 키질하는 과정

4) 불순물 제거 과정

수확이 끝나면 체리와 같이 떨어져 나온 나뭇가지, 잎사귀 등을 제거해야 한다. 커다란 체에 체리를 올려 놓고 키질을 하며 제거하는데, 매우 고되고 힘든 과정 중 하나이다.

5) 가공 과정

가공이란 체리에서 생두를 분리해 내는 것을 뜻한다. 가공하는 방식은 농장의 상황에 따라 몇 가지로 분류되는데, 일반적으로 특별한 가공 시설을 필요로 한다.

체리를 수확 한 후에는 즉시 이 시설로 옮기는 것이 바람직하며, 늦어도 2시간 내에는 가공 과정이 이루어질 수 있도록 해야 한다. 시간이 늦어지면 체리가 공기와 접촉하는 시간이 길어져 커피 맛에 악영향을 미치며 고품질 커피의 생산이 불가능하기 때문이다.

(1) 자연 건조 방식(Natural Coffee)

가장 전통적인 가공 방식이다.

세계에서 제일 처음 커피 재배를 시작한 예멘에서는, 커피 열매를 따지 않고 햇볕에서 계속 건조시킨 후 수분이 다 날라가면 그 때 일률적으로 수확하는 방법을 사용했다고 한다. 현재도 예멘과 에티오피아의 일부 지역에서 계속 사용되고 있다고는 하나, 대부분은 체리를 수확하여 물로 가볍게 세척한 후 콘크리트나 벽돌로 된 넓은 땅에 펼쳐 놓고 말린다. 농장에 따라서는 나무로 직사각형의 긴 틀을 만들고 네 모서리에 그물을 걸어 땅과 약 1m 정도의 높이를 유지시킨 후 그 위에 놓고 말리기도 한다.

▶ 땅에 널어 놓고 건조하는 과정

건조 기간 중에 특별히 주의를 기울여야 하는 것은 규칙적인 써레질이다. 농장마다 나무로 만들어진 전용 기구가 따로 있는데, 이것을 이용하여 밑에 있는 체리를 위로, 위에 있는 체리는 밑으로 써레질해 주어야 한다.

균일하게 건조하는 것은 매우 중요하다. 제대로 건조되지 않은 체리의 경우 썩거나 부분적으로 곰팡이가 생겨 커피 맛에 악영향을 미치기 때문이다. 다른 하나는 비나 새벽 이슬을 직접 맞지 않도록 보호하는 것이다. 건조 중인 체리가 비를 맞게 되면 곰팡이가 생기고 역시 피해를 입게 되기 때문이다.

건조는 수분 함유량이 약 11~13% 될 때까지 하는데, 보통 5~10일 정도가 소요된다. 수분이 11~13%까지 감소하게 되면 크기는 많이 줄고 껍질은 딱딱해지며 진한 갈색을 띠게 된다. 심지어 체리 속의 생두가 '달그락'거리는 소리가 들리기도 한다.

그런 상태가 되면 체리들을 나무로 짜여진 컨테이너에 옮겨 약 4개월간 보관한다. 숙성 과정이라고 불리는데, 모든 체리의 수분을 11~13%로 균일하게 맞춰 주고 안정적이며 부드러운 맛을 얻기 위해서이다. 숙성 과정을 거치는 것은 스페셜티 커피에 한정되며 숙성 뒤에는 아로마와 플레이버가 풍성해진다.

자연 건조 방식을 채택하는 국가는 브라질, 에티오피아, 인도네시아 등으로, 물이 부족하거나 햇볕이 좋은 지역이 대부분이다.

커피에서 생산지의 토질감을 느낄 수 있고, 체리의 과육(mucilage)이 생두에 흡수되어 달콤한 맛이 더 느껴지며, 바디(body)가 풍부한 것이 특징이다.

브라질의 경우, 건조 기간 동안 수분 측정계를 이용하여 체리 내의 수분을 규칙적으로 측정한다. 한편 대규모 농장의 경우에는 건조 기계를 이용해 말리기도 한다.

▶ 써레질

▶ 건조된 체리

(2) 세척 방식(Washed Coffee)

체리 껍질과 과육을 벗겨 내고 파치먼트 상태에서 건조하는 방식으로 많은 주의를 기울여야 한다. 파치먼트는 얇고 깨지기 쉬워 손상되었을 경우 생두 품질에 안 좋은 영향을 미칠 수 있기 때문이다.

가공 과정은 다음과 같다. 먼저 체리를 가볍게 씻는다. 그 후 물이 담겨 있는 시멘트나 철로 된 탱크에 넣고 껍질을 제거한다(탱크 내에는 분리시킬 수 있는 장치가 되어 있다).

껍질이 제거되면 과육(mucilage)이 남아 있는 것을 알 수 있다. 물이 가득 담긴 발효 탱크로 옮기고, 12~36시간 정도 두면서 깨끗한 물로 3~5회 갈아 준다. 물에 의해 파치먼트에 붙어 있는 과육이 완전히 제거되고 동시에 발효가 일어난다.

발효는 세척 방식의 핵심으로, 발효되는 과정에서 깨끗한 맛과 과일 향을 얻게 된다. 12~36시간 경과 후 만져 보면 조약돌과 같은 느낌이 나는데, 그 후에도 몇 차례 물로 헹궈 준다. 모든 과정이 끝나고 수분 함유량을 측정해 보면 약 57%이다. 그 후 땅이나 그물에 펼쳐 놓고 수분이 11~13%가 될 때까지 건조하거나 건조 기계에 말리기도 한다.

건조 후 자연 건조 방식과 마찬가지로 나무로 된 컨테이너에 넣어 4개월 간 보관한다. 일반적으로 수확된 체리를 처음 물에 담갔을 때는 pH가 7정도이나, 약 24시간이 경과한 후에는 약 4.3으로 떨어진다.

세척 방식으로 가공된 커피는 밝고 깨끗한 맛을 느낄 수 있다는 장점이 있다. 그러나 발효 과정에서 사용된 물은 제대로 정화하지 않고 버렸을 경우 주변 환경을 오염시킬 수 있으므로 각별히 주의해야 한다.

(3) 세미 워시드 방식(Semi-washed Coffee)

브라질에서 많이 사용하는 방식이다. 수확한 체리로 물에 가볍게 씻은 후 기계로 껍질과 과육을 모두 벗겨 낸 뒤 파치먼트 상태에서 넓은 땅이나 그물에 두고 수분이 11~13%가 될 때까지 말린다.

워시드 커피와는 달리 발효 과정이 일어나지 않지만 깔끔한 맛을 느낄 수 있다.

▶ 그물 위에서 파치먼트를 건조하는 과정

(4) 펄프드 내추럴 방식(Pulped Natural Coffee)

브라질에서 많이 사용하는 방식이다. 수확 후 체리를 물에 가볍게 씻고 껍질을 파치먼트로부터 분리시킨다. 과육이 남아 있는 파치먼트를 넓은 땅이나 그물망에 올려 두고 수분이 11~13%가 될 때까지 말린다. 세미 워시드 방식과의 차이는 과육이 파치먼트에 붙어 있는 상태에서 건조한다는 것이다. 자연 건조 방식으로 가공된 커피보다는 바디나 단맛이 덜하지만 경쾌하면서도 향이 풍부한 커피를 얻을 수 있다는 장점이 있다.

▶ 잘 익은 체리와 익지 않은 체리를 분리하는 과정. 브라질에서 사용되는 기계

▶ 체리 껍질이 벗겨졌을 때의 상태

▶ 건조된 파치먼트

지금까지 각기 다른 가공 방식에 대해 알아봤다. 같은 나무에서 수확된 체리라 할지라도 가공 방식을 다르게 하면 서로 다른 맛을 낸다. 즉, 가공 방식은 커피 맛에 지대한 영향을 미치는 요인 중 하나라고 할 수 있다.

about coffee

5. 파치먼트 제거와 생두 선별

건조 과정이 끝나면 파치먼트를 제거한다.

브라질의 대규모 농장에서는 현대식 기계를 사용한다. 그러나 아프리카나 아시아의 열악한 소규모 농장에서는 아직도 재래 방식인 절구를 이용하여 빻아 제거한다.

파치먼트를 제거 후에는 선별 과정이 뒤따른다. 생두는 가공이나 건조 과정에서 곰팡이가 생겼거나 썩었을 수도 있고, 돌이나 나뭇가지 등이 섞여 들어와 있을 수도 있다.

정상적이지 않은 생두나 이물질이 섞인 생두를 결점두라고 부르는데, 결점두를 제거하고 상품 가치가 있는 생두만을 골라 내는 것을 선별 과정이라 부른다. 결점두는 다음 사진을 참고한다.

소규모 농장에서는 결점두를 사람이 일일이 손으로 골라 낸다. 숙련된 사람들의 경우 쉽게 골라 낼 수 있으나, 초보자의 경우는 시간이 많이 소요되고 피곤한 작업이다.

▶ 생두를 파치먼트로부터 제거하는 기계

Tip ▶ 결점두

▶ Black Bean

검게 변한 생두

▶ Broken Bean

깨진 생두

▶ Dried Cherry

건조된 체리

▶ Foreign Matter

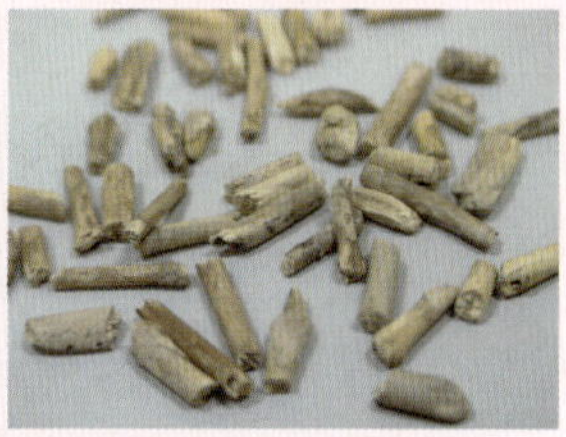

나뭇가지

▶ Hull, Husk

체리 껍질

▶ Parchment

파치먼트

▶ Peaberry

피베리

▶ Severe Insect Damege Bean

벌레 먹은 생두

▶ Shell

조개 껍데기 모양으로 깨진 생두

▶ Sour Bean

부분적으로 적갈색으로 변한 생두

▶ Unripe Bean

덜 성숙한 생두

한편 브라질이나 콜롬비아의 대규모 농장에서는 기계를 사용하여 결점두를 제거한다.

생두는 크기와 상관 없이 밀도가 1.1~1.3g/cc이다. 따라서 기계를 이용하여 생두의 밀도를 측정한 후 위의 밀도와 같은 것은 생두로 간주하고, 나머지는 결점두로 분류하여 제거하는 것이다. 생두 크기의 작은 돌도 이 과정에서 제거될 수 있다.

▶ 기계를 이용해 결점두를 골라 내는 과정

▶ 밀도 측정 기계

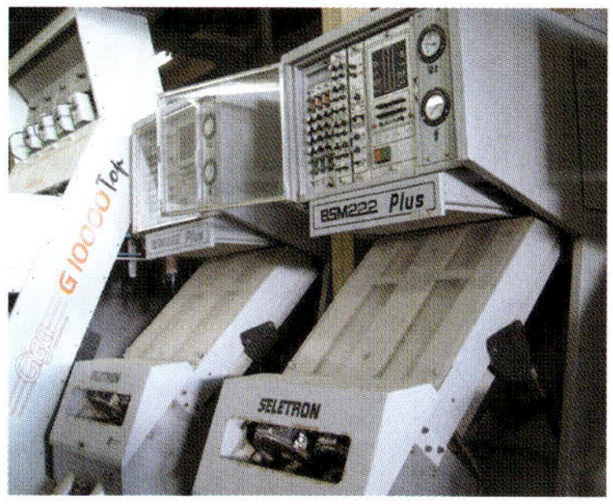

about coffee

6. 등급 책정

결점두가 제거되고 상품성 있는 온전한 생두만 남게 되면, 다시 등급별로 분류해야 한다. 분류 목적은 생산자와 수입업자 간의 의사 소통을 용이하게 하기 위한 것으로, 기준은 국가에 따라 차이가 있다.

등급의 책정을 이해하기 위해서는 먼저 스크린 사이즈에 대해 알아야 할 필요가 있다.

Tip ▶ 스크리너

스크리너는 13개가 한 세트로 각각의 스크리너에는 스크린 사이즈 20~8까지의 번호가 새겨져 있다.

모양은 다음과 같다.

직사각형의 나무틀 내에는 철판이 깔려 있는데, 철판 안에는 수십 개의 구멍이 뚫려 있다. 구멍의 크기는 스크리너마다 다른데, 번호가 큰 스크리너의 구멍이 가장 크고, 번호가 내려갈수록 크기는 작아진다.

생두의 크기를 분류할 때에는 가장 작은 번호의 스크리너를 맨 밑바닥에 두고 번호 순대로 쌓아 올린다.

▶ 스크리너

그렇게 되면 번호가 가장 큰 스크리너가 제일 위로 가게 된다. 그런 다음 생두를 붓고 흔들면 작은 생두는 밑으로 빠지고 큰 생두는 판 위에 남는다. 그렇다면 스크린 사이즈 19에 해당하는 생두의 크기는 어느 정도일까? 보통 생두의 크기는 생두의 '폭'을 기준으로 한다.

1스크린(Screen)이란 1/64인치에 해당하는 것으로, No.19에 해당하는 생두의 폭은 다음과 같다.

- 1 스크린 = 1/64 인치 (= 0.4mm)
- 스크린 사이즈 19 = 19/64 인치 (= 7.6mm)

1) 재배 고도에 따른 분류

과테말라, 온두라스, 멕시코와 같은 나라에서는 고지대에서 생산된 생두일수록 높은 등급으로 분류한다. 생두의 밀도와 관련이 깊기 때문인데, 그 이유는 다음과 같다. 일반적으로 지대가 높으면 일교차가 심하다. 햇볕이 뜨거운 낮에는 생두가 커지기 위해 팽창하고, 밤이 되어 기온이 급강하하면 수축한다. 이와 같은 현상이 반복되다 보면 생두의 밀도가 높아지고 단단해진다. 실제로 고밀도의 생두는 저밀도에 비해 추출했을 때 맛과 향이 훨씬 풍부한 것을 느낄 수 있다.

▶ 괴테말라 기준법

분 류	재배 고도	약 어
Strictly Hard Bean	1,600~1,700m	SHB
Fancy Hard Bean	1,500~1,600m	
Hard Bean	1,350~1,500m	HB
Semi Hard Bean	1,200~1,350m	SH
Extra Prime Washed	1,000~1,200m	
Prime Washed	850~1,000m	
Extra Good Washed	700~850m	
Good Washed	700m	

2) 생두 크기에 따른 분류

콜롬비아, 코스타리카, 자메이카, 케냐 등의 국가에서는 생두의 크기에 따라 등급을 책정하는데, 크기가 클수록 높은 등급으로 분류된다. 단, 생두의 크기와 맛이 꼭 비례하지는 않는다.

▶ 콜롬비아 분류법

등 급	크 기
Supremo	스크린 사이즈 17 이상의 생두
Excelso	스크린 사이즈 15 이상의 생두
U.G.Q.	스크린 사이즈 14 미만의 생두

▶ 케냐 분류법

등 급	크 기
AA	스크린 사이즈 17~18
AB	스크린 사이즈 15~16
C	스크린 사이즈 14~15
E	가공 과정 중 체리 안에 있는 두 개의 생두가 분리되었을 경우 'Ears'라고 부르며 large peaberry로 분류한다.
이하 등급	TT, T, UG 등급 등으로 분류된다.

3) 결점두 수에 따른 분류

인도네시아와 에티오피아에서는 생두 내의 결점두 수에 따라 등급을 책정하는데, 결점두 수가 적을수록 높은 등급으로 분류된다.

▶ 에티오피아 분류법

분 류	결점두 수	비 고
Grade 1	0~3	U.G.Q(Usual Good Quality) 등급
Grade 2	4~12	
Grade 3	13~25	
Grade 4	20~45	
Grade 5	46~100	
Grade 6	101~153	
Grade 7	154~340	수출 금지 등급
Grade 8	340 이상	

4) SCAA(Specialty Coffee Association of America), 미국 스페셜티 커피 협회 기준법

이상에서 살펴본 바와 같이, 생두의 등급을 책정하는 기준은 국가별로 다양하다.

하와이와 뉴욕 커피 거래소(NYBT)에서는 결점두 수와 크기를 같이 고려하여 등급을 책정하기도 한다.

미국 스페셜티 커피 협회에서는 이런 다양한 방법들을 모두 고려하여 국제적으로 사용할 수 있는 합리적인 등급 체계를 구축했다. 평가 기준은 다음과 같다.

먼저 가공 과정이 끝난 생두를 350g 샘플링한다. 스크린 사이즈(크기), 무게, 비율, 함수율을 검사한 다음, 커핑 테스트(Cupping Test)를 통해 맛과 향까지 평가한다(Cupping Test의 자세한 설명은 커피의 맛과 향기 평가 부분을 참고).

모든 평가가 끝난 생두는 다음과 같은 등급으로 분류된다.

▶ 미국 스페셜티 커피 협회 기준법

등 급	등급 명칭	결점두 수	Cupping Test
Class 1	Specialty Grade	0~5	90점 이상
Class 2	Premium Grade	0~8	80~89
Class 3	Exchange Grade	9~23	70~79
Class 4	Below Standard	24~86	60~69
Class 5	Off-Grade	86 이상	50~59

최근 브라질을 비롯한 여러 나라에서는 SCAA 기준법에 따라 생두의 등급을 책정한다.

about coffee

7. Packing

생두가 기준에 따라 등급이 책정되면 황마나 사이잘삼(멕시코나 중미에 서식하는 용설란의 일종)으로 만들어진 자루에 넣어 보관한다. 황마나 사이잘삼을 이용하여 자루를 만드는 이유는 통기성이 좋아 장기간 보관에 유리하기 때문이다. 보통 한 자루에는 생두가 약 60kg이 들어가는데, 몇몇 국가에서는 50kg 또는 45kg 넣기도 한다.

▶ 커피 Packing

about coffee

8. 보관

생두를 보관하는 창고의 통풍 · 습도 · 온도 조절에 주의를 기울여야 한다. 보관이 제대로 이루어 지지 않으면 고품질의 생두라 하더라도 쉽게 변질되기 때문이다. 온도는 20℃, 습도는 40~50%, 빛이 안 들고 통풍이 잘 되는 장소가 바람직하다. 또한 벽에 붙이지 않고 약 20cm 정도 띄워 놓고 보관해야 하며, 바닥에는 나무 등을 깔아 자루가 바닥에 직접 닿지 않도록 한다.

여름 장마철에는 습도가 높으므로 각별한 주의가 요구되며, 보관 기간은 1년이 넘지 않도록 한다.

▶ 커피 보관 창고

Tip ▶ 스페셜티 커피란?

미국 스페셜티 커피 협회(Specialty Coffee Association of America)에서 규정한 정의를 살펴보면 다음과 같다.

스페셜티 커피란 고품질의 생두를 그 생두가 가진 고유의 향과 맛을 찾아 로스팅 한 후 여러 가지 추출 기구를 이용하여 추출하되, 올바른 방법으로 추출한 한 잔의 커피를 지칭한다. 또한 생두, 볶은 커피, 커피 음료를 포함한다.

스페셜티 커피가 될 수 있는 조건은 특정 기후, 고도, 토질 등에서 숙련된 기술자에 의해 생육된 생두에서부터 시작된다. 또한 수확 · 수출 과정에 이르는 전 과정에 걸쳐 꼼꼼한 손길이 요구된다.

한편 미국 스페셜티 커피 협회에서 규정한 스페셜티 커피에 관한 내용은 다음과 같다.

- 결점두가 없으며 뛰어난 향미를 지닌 커피를 지칭한다.
- 스페셜티 커피가 비싸다는 인식을 가지고 있으나, 실제로 가장 비싼 생두의 경우도 1파운드당 12달러를 넘지 않는다. 이것은 강하게 추출하여 음용하는 경우에도 1파운드당 50잔 이상의 커피를 마실 수 있는 양이고, 한 잔당 물 한 병보다 저렴한 가격인 약 24센트 정도라고 볼 수 있다.
- 와인과 꿀처럼 스페셜티 커피는 특징적인 고유의 향미를 지녔는데, 이는 생산지의 기후, 토질 등의 조건에 기인한다.
- 스페셜티 커피의 의미를 카푸치노나 카페라테, 모카 등과 같이 에스프레소 베리에이션 커피라고 알고 있는 경우가 많으나, 이는 스페셜티 커피의 일부분만을 지칭하는 것이다.
- 향 커피와도 오인하는 경우가 있으나, 스페셜티 커피는 그 자체가 가지고 있는 풍부한 향미 성분 때문에 인공 향을 가미할 필요가 없다.
- 높은 고도에서 생산된 커피일수록 등급이 높다고 볼 수 있으며, 이렇게 재배된 아라비카종은 스페셜티 커피로 인정될 수 있다(www.scaa.org 참고).

참고

1. 디카페인 커피(Decaffeinated Coffee)

카페인 성분을 제거한 커피로, 카페인에 대한 부정적인 시각으로 인해 고안되었다. 1820년 독일인 룽게가 처음으로 성공시켰으며, 상업화한 것은 1906년 루드비히 로젤리우스가 상카(Sanka)라고 하는 회사를 만들면서부터이다.

로젤리우스가 상업화한 방법은 다음과 같다. 먼저 로스팅하기 전인 '생두 상태'에서 스팀을 여러 번 쬐어 부풀게 만든다. 그 후 용해제인 염화 에틸렌으로 생두 표면을 닦아 내고 말리는데, 말리는 과정에서 용해제는 제거된다. 그 후 용해제로 염화 에틸렌 이외에도 아세트산 에틸 등이 사용되었으나, 최근 유해성의 문제가 제기되어 물이나 액화 탄산가스를 이용하여 제거하는 방법으로 대체되고 있다.

액화 탄산가스를 이용하는 방법은 '초임계 탄산가스 추출법'이라고 불리는데, 탄산가스를 고압으로 액체화하여 용해제로 만든 후 카페인을 제거하는 것이다.

물을 이용한 방법은 스위스의 네이밥 후드사가 특허권을 가지고 있어 '스위스 워터 프로세스'라고 한다. 생두를 80℃ 이상의 뜨거운 물에 담그면 카페인을 비롯한 여러 수용성 성분들이 용해되는데, 이 물을 활성탄 필터로 여과하면 카페인만 제거된다. 다른 성분들이 남겨진 물은 계속해서 카페인 제거 작업에 사용하다가 마지막에는 완전히 농축하여 생두가 마르기 전 첨가한다. 1992년까지 디카페인 커피의 시장 점유율은 약 3% 내외였으나, 최근에는 그 수요가 감소하고 있다.

2. 코피 루왁(Kopi Luwak)

▶ 사향고양이 루왁

▶ 루왁의 배설물

인도네시아 자바와 수마트라 섬에 사는 긴꼬리 사향고양이 '루왁'의 배설물에서 채취한 생두를 볶은 커피를 일컫는다.

루왁은 보통 커피나무에서 잘 익은 체리만을 골라서 먹는다. 이 때 체리의 과육은 소화되고 파치먼트에 둘러싼 생두는 딱딱하여 소화되지 않고 배설된다. 파치먼트에 둘러싼 생두는 침, 위액 등에 의해 소화 과정을 거치면서 발효되어 깊은 맛과 독특한 향을 내는 것이 특징이다. 극소량만 생산되어 매우 귀한 커피로, 중국에서는 한 잔에 10만 원에 판매하는 곳도 있다고 한다. 필자의 경우도 얼마 전 우연한 기회에 마실 수 있는 행운을 얻었는데, 그 향과 맛이 다른 커피에서 느낄 수 없는 독특함이 있어 색다른 경험이었다.

코피(Kopi)는 인도네시아어로 커피를 뜻하며, 사향고양이 루왁에 의해 생산된 커피라는 뜻에서 코피 루왁이라고 불린다.

3. 오가닉 커피(Organic Coffee)

커피는 화학 비료를 많이 사용하는 농산물 중 하나이다. 그런데 이 오가닉 커피 즉 유기농 커피는 화학 비료나 농약을 사용하지 않고 재배한 커피로, 웰빙이라는 트렌드에 힘입어 소비가 급격히 늘어나고 있는 추세이다.

유기농 커피를 생산하기 위해서는 먼저 그늘을 만들어 줄 수 있는 작물, 예를 들면 바나나 나무같이 잎이 넓은 작물과 함께 심는다. 그늘이 만들어지면 새나 다람쥐 등이 햇볕을 피해 보금자리를 만들고 살기도 한다. 따라서 버드프렌들리 커피(Bird-Friendly coffee)라고 불린다.

한편 화학 비료를 사용하는 커피는 잎이 넓은 나무들과 같이 심어서는 안 된다. 비료를 뿌릴 때에는 다른 나무들이 있으면 안 되므로 커피나무만을 뙤약볕에서 재배한다. 전자의 방식으로 재배된 커피를 shade grown coffee, 후자의 경우는 sun grown coffee라고 불린다. 사실 유기농 커피라고 해서 맛이 더 좋은 것은 아니나, 일반적인 유기농 제품과 같이 가격이 높게 책정되고 있다. 유기농 인증을 받기 위해서는 까다로운 절차를 거쳐야 하고, 아직까지는 공식적인 기관이 없어 아시아나 아프리카의 소작농들은 유기농 방식의 커피를 재배하고도 인증을 받지 못해 제대로 된 가격을 받지 못하고 있다. 유기농 커피 심사를 하는 대표적인 기관은 미국의 OCIA와 OGBA, 그리고 유럽의 Demeter 등이 있다.

4. 페어트레이드 커피(Fair-Trade Coffee)

최근 들어 유럽, 미국, 호주, 일본 등의 70여 개국을 중심으로 페어트레이드 운동이 확산되고 있다. 중간 상인들이 큰 폭리를 취하기 때문에 제3세계 생산자들은 노동력만 착취당하고 빈곤은 계속된다. 따라서 이와 같은 잘못된 구조를 개선하고자 시작된 것이 '페어트레이드 운동'이다. 공정한 거래 즉 생산자와 소비자와의 직거래, 최저 가격 보장, 장기간의 거래 등을 통해 생산자를 돕자는 취지이다. 그 대표적인 품목 중 하나가 '커피'다. 현재는 3,000~5,000원짜리 커피 한 잔을 마셔도 생산자에게는 10원이 채 안 되는 돈이 돌아간다고 한다. 석유 다음으로 국제 교역량이 많은 커피지만 그 생산자들은 계속하여 경제 기반을 잃어 가는 현실을 놓고 볼 때 안타가운 일이 아닐 수 없다.

세계적인 브랜드인 스타벅스에서는 이미 페어트레이드 커피를 판매하고 있으며, 한국도 공정무역연대가 출범하였고, 현재는 '아름다운 가게'를 통해 네팔에서 수입된 생두가 전광수 커피아카데미에서 로스팅되어 '히말라야의 선물'이라는 상표를 달고 판매되고 있다.

5. 몬순 커피(Monsooned Coffee)

몬순 커피의 대표는 인도 말라바르(Malabar)이며, 그 탄생한 배경은 다음과 같다. 인도 커피의 역사는 약 400여 년 전 바바부단(Baba Budan)이라는 승려가 예멘에서 7개의 파치먼트를 몰래 밀반입하여 남부의 마이소르산(Mysore Mt.)에 심은 것으로부터 시작된다. 그 후 인도에서 생산된 생두들이 유럽에 수출되었는데, 유럽으로 가는 배에 선적되기 위해 항구에서 해풍을 맞고, 아프리카를 돌아가는 중 또 다시 해풍에 노출되어 유럽으로 가는 약 6개월 동안 많이 발효되었다. 따라서 산도는 줄어들고 묵은 맛과 향이 나는 독특한 커피가 탄생되었던 것이다. 그러나 후에 유럽으로 가는 항로가 많이 단축되면서 커피 본연의 맛을 찾을 수는 있었지만, 해풍에 노출되어 발효된 맛을 그리워하는 사람들에 의해 인위적으로 탄생된 것이 몬순 커피이다. 수확된 생두들에 몬순 시즌 동안 서부 해안의 창고에서 약 6~7주간 해풍을 쏘여 준다. 그렇게 되면 생두들은 습기를 머금게 되어 크기가 커지고 빛깔은 노란색으로 변화되는데, 벌레에 의해 손상되는 것을 방지하기 위해 훈증한다. 이러한 과정을 거치면 산도는 낮으나 묵직하고 묵은 향과 맛이 살짝 감도는 말라바르가 탄생되는 것이다.

Heineken
Pizze...
MARGHERITA €6.50
DIAVOLA €8.00
NAPOLETANA €8.00
PIZZE SPECIALI .....
+12% servizio no coperto

3

로스팅 (Roasting)

1. 로스팅의 개념
2. 로스팅 실전

브라질 상파울로 「Santo Grao」

about coffee

1. 로스팅의 개념

1) 로스팅이란?

로스팅(Roasting)은 커피가 지니고 있는 진정한 맛과 향을 표현하는 가장 중요한 부분이다. 커피는 산지에 따라, 품종에 따라, 재배 고도에 따라, 가공 방법에 따라, 보관 상태에 따라 다양한 맛과 향을 지닌다. 이러한 다양한 맛과 향은 로스팅이란 과정을 거침으로써 숨은 매력을 발산하는 것이다. 로스팅은 크게 두 가지 의미를 가지고 있다고 할 수 있는데 다음과 같다.

첫째, 생두가 가지고 있는 수분을 로스팅 정도에 맞게 최대한 방출시키는 과정이다. 산지에서 수확된 생두는 건조 과정을 거쳐 10~13% 정도의 수분을 함유하고 있고 촉촉함을 느낄 수 있다. 수분 감소는 로스팅 정도에 따라 달라지지만, 대게 중간 정도의 로스팅을 하면 4~5%로 감소하게 된다.

둘째, 생두의 조직을 최대한 벌어지게 만드는 과정이다. 즉, 무수히 많은 구멍으로 이루어진 조직을 확장시킴으로써 커피 고유의 맛과 향을 표현할 수 있는 것이다.

제대로 로스팅된 커피는 쉽게 부서지며 수분의 함량이 적어 가벼운 느낌이며, 일정한 높이에서 떨어뜨리면 맑은 소리가 나는 것을 확인할 수 있다. 또한 분쇄한 후 추출하여 마셔 보면 만족할 수 있는 맛과 향을 느낄 수 있다.

2) 로스팅 방식 분류

로스팅에 사용되는 기구는 수 세기를 거쳐 다양하고 편리하게 발전되어 현재의 기계화된 형태에 이르게 되었다. 그 유래는 여러 가지 추정설이 있으나, 아라비아 지역에서 아주 원시적인 방법을 통해 로스팅되어 마셨을 거라는 설이 가장 유력하다. 아마도 누군가에 의해 아주 우연한 기회에 발견되어 세상에 알려지게 되었을 것으로 추정된다. 그 후 보다 편리하고 균일한 맛과 향을 얻기 위해 기계의 개발과 기술의 발전이 일어나게 된 것이다.

현재 개발되어 보편화된 로스팅 방식은 크게 직화식, 반열풍식, 열풍식으로 나누어진다.

(1) 수망 로스터

가정에서 쉽게 볶아서 신선한 커피 맛과 향을 즐길 수 있는 간편한 수망 로스터(손잡이가 있는 미세한 망으로 만들어진 로스팅 기구)는 커피 마니아 사이에 호평받는 기구이다. 여러 번 반복해서 연습하면 균일한 원두의 색깔을 얻을 수 있고 조직을 잘 벌어지게 할 수 있다. 단, 숙달되지 않은 경우 색깔의 불균형, 탄 맛의 증가, 비린 맛 등이 나기도 한다.

Tip ▶ 수망 로스터로 로스팅하기

준비물 : 수망 로스터, 헤어드라이어, 휴대용 가스레인지, 나무 주걱, 면장갑, 생두

(2) 가스 직화 로스터

가스(LNG, LPG)를 이용하여 드럼 표면에 직접 열을 전달하는 방식이다. 드럼 외부 표면에 미세한 구멍이 균일하게 나 있어 점화된 버너의 열량이 드럼 외부를 통해 내부로 100% 전달된다. 열량이 직접 공급됨으로써 개성적인 커피 맛과 향을 기대할 수 있는 반면, 자칫하면 원두 표면을 태울 수 있는 단점이 있으므로 세심한 주의가 필요하다.

(3) 가스 반열풍식 로스터

반열풍식은 드럼 표면에 직접 열량을 공급함과 동시에 드럼 후면에 있는 미세한 구멍을 통해 뜨거운 열풍도 같이 전달한다. 다시 말해, 드럼을 통한 열량 전달과 드럼 후면부를 통한 열풍 공급이 균일하게 이루진다는 뜻이다. 따라서 직화식과는 달리, 안정적인 커피 맛과 향을 표현할 수 있으며, 균일한 원두의 색을 만들 수 있다.

(4) 열풍식 로스터

드럼 내 · 외부에 직접 화력이 공급되지 않고 고온의 열풍만을 사용하여 드럼 내부로 주입하는 방식이다. 순수한 열풍만을 이용함으로써 균일한 로스팅을 할 수 있으며, 대량 생산 공정에 주로 사용된다. 단, 개성적인 커피 맛을 표현하기는 조금 어렵다는 단점이 있으나, 균일한 커피 맛을 표현하기는 용이하다.

▶ 가스 반열풍식 로스터

▶ 가스 직화 로스터

▶ 가정용 전기 열풍 로스터

Tip ▶ 로스팅 방식에 따른 특징

	직화식	반열풍식	열풍식
가열 방식	드럼 외 · 내부에 직접 전달	직열 40%+열풍 60%	열풍 100%
특징	개성적인 맛과 향 표현	안정적인 커피 맛과 향	보다 안정적인 커피 맛과 향
예열 시간	짧다	길다(최소 30분 이상)	길다(최소 30분 이상)
댐퍼 기능	민감	다소 민감	다소 민감
시간	저온 로스팅이 가능	저온+고온 로스팅 가능	고온 로스팅에 적합

3) 원두 색에 따른 분류

▶ Agtron / SCAA Roast Classification

미국 스페셜티 커피 협회(Speciality Coffee Association of America)에 의해 고안된 색상 분류집이다.

로스팅된 정도에 따라 원두의 색을 8단계로 분류하였고, 각각의 색상마다 디스크를 만들어 번호를 부여하였다. 로스팅 단계의 식별이 용이하며, 객관적인 근거를 만들었다는 점에서 의미가 있다.

Tip ▶ 사용 방법

8단계로 분류되어 있으며, #95(약한 볶음)~#25(강한 볶음)의 10단위로 구성되어 있다.
볶은 커피를 분쇄하여 유리 접시에 올려놓은 후 컬러 디스크에 가까이 대고 볶음 정도를 확인 · 비교할 수 있다.

▶ 컬러 분류

로스팅 정도	특 징	분류 번호
Very Light	가장 약하게 볶은 상태, 옅은 갈색, 신맛, 향 바디는 없다.	#95
Light	약하게 볶은 상태, 신맛 강하고, 단점이 나타나며, 커피 표면은 건조하다.	#85
Moderatery Light	신맛이 강하고, 단점이 나타난다.	#75
Light Medium	신맛은 조금 약하고, 바디가 나타나는 시점이다.	#65
Medium	신맛은 거의 사라지고, 더 뚜렷한 품종의 특성이 나타난다.	#55
Moderatery Dark	단맛이 강해지고, 원두 표면에 오일이 비친다.	#45
Dark	품종의 특징이 줄고, 바디가 강해진다, 원두 표면 오일이 많이 드러난다.	#35
Very Dark	바디감이 줄고, 단맛에서 쓴맛으로 강해진다.	#25

about coffee

2. 로스팅 실전

로스팅을 시작하기 전, 다음과 같은 준비 작업이 필요하다. 충분한 준비와 검토 후 실행해야 좋은 결과를 가져다 주기 때문이다.

먼저 로스팅하고자 하는 생두의 특징, 로스팅 머신의 방식, 장 · 단점 등을 파악한다. 그런 다음 로스팅 포인트를 결정하고 머신을 점화한다.

1) 로스팅 전 주의해야 할 사항들

(1) 로스팅 머신의 용량

본인이 사용해야 할 머신의 용량과 이상적인 생두 투입량 등을 사전에 검토할 필요가 있다. 로스팅 순서는 다음과 같다.

첫째, 충분히 예열시킨다. 생두 투입량은 1kg 머신을 기준으로

- 첫 번째 투입량(1st Batch) 약 50%(생두 투입량 500g)
- 두 번째 투입량(2nd Batch) 약 50%(생두 투입량 500g)
- 세 번째 투입량(3rd Batch) 약 80%(생두 투입량 800g)의 순서대로 투입한다.

위와 같이 투입량이 다른 이유는 드럼의 내부와 외부의 열량을 균일하게 만들기 위해서이다. 즉, 30분 이상 충분히 예열된 로스팅 머신의 경우에도 전원을 끈 상태에서 장시간 사용하지 않게 되면, 드럼 내 · 외부의 열량 불균형으로 표현하고자 하는 커피 맛을 얻을 수 없기 때문이다. 따라서, 처음과 두 번째 로스팅 과정까지는 약 50%, 그 후에는 80%를 투입하고 로스팅한다.

둘째, 위의 과정을 거친 뒤부터는 원하는 커피 맛과 향을 얻을 수 있으므로 800g(용량의 80%)을 투입하여 로스팅한다.

1kg의 로스팅 머신을 기준으로 최대 생두 투입량은 1kg, 최소 투입량은 500g이다. 그러나 가장 이상적인 투입량은 800g, 즉 로스팅 머신 용량의 약 80%에 해당한다고 볼 수 있다.

필자의 경우 대형 로스팅 머신(30kg 이상)을 사용한 경험이 없으므로 위의 내용이 똑같이 적용되는지 정확히 알 수 없으나, 현재까지 사용했던 30kg 이하 머신의 경우에는 가장 효과적이었음을 밝혀 둔다.

(2) 생두의 평가

원산지에서 가공된 생두는 여러 경로를 거쳐 우리 손에 들어오게 되는데, 준비된 생두는 로스팅하기 전 정확하게 평가하는 과정이 필요하다. 정확히 평가된 생두만이 성공적인 커피의 맛과 향을 표현할 수 있으며, 잘못된 평가는 전혀 엉뚱한 맛과 향으로 나타나기 때문이다(생두의 평가는 2장 생두 p.46 참고).

(3) 로스팅 포인트 결정

표현하고자 하는 커피 맛과 향에 가장 일치하는 로스팅 포인트를 결정한 다음 로스팅한다. 로스팅 중에는 많은 물리 · 화학적 변화가 일어나므로, 미리 포인트를 결정하고 로스팅을 해야 성공적인 결과물을 얻을 수 있기 때문이다.

자신의 로스팅 포인트를 결정하기 위해서는 볶음 정도에 따른 맛과 향의 차이점, 볶은 후 시간 경과에 따른 맛과 향의 변화 등을 체크하도록 한다. 로스팅 등급별 맛과 향의 차이는 자신이 추구하는 커피 세계를 파악할 수 있는 좋은 방법이기 때문이다. 또한 볶은 후 시간이 경과함으로써 맛과 향의 변화를 하나하나 체크하여 정리해 보면, 로스팅 포인트에 따라 가장 맛과 향이 좋은 시점을 느낄 수 있다. 체크하는 방법을 예시해 보면 아래와 같다.

Tip ▶ 로스팅 포인트에 따른 맛과 향의 변화 기록 노트

- 원산지 커피 명 :
- 커피 종 :
- 수확 연수 : New-Crop / Past-Crop / Old-Crop
- 가공 방법 : 자연 건조 방식, 세척 방식, 햇볕에 건조, 기계 건조
- Screen Size : 20, 19, 18, 17, 16, 15, 14, 피베리(Peaberry)
  (참고) Screen Size 17/18로 표시된 경우 : 크기가 Size17(6.75mm)+Size18(7.14mm)이 혼합되어 있다는 표시
- 평가 방법 : 커핑(Cupping), 핸드 드립 추출(Hand-Drip)

일자	평가 항목	Light Roasted	City Roasted	French Roasted	R/P 결과
1일	Aroma Flavor Acidity Sweetness Bitter Body After-Taste 특이점				
2일					
3일					
4일					
5일					
6일					
7일					
8일					
9일					
10일					

※ 일자별 평가 항목을 기준으로 체크한 후 특이한 점이 있으면 기재
※ 로스팅 등급에 따라 맛과 향의 변화를 날짜별로 체크
※ 로스팅 포인트별 맛과 향이 뛰어난 시점을 체크
※ 자신의 로스팅 포인트를 체크

2) 로스팅의 4대 변화

로스팅 중 생두는 크게 4가지의 변화가 일어난다. 생두 표면에 열이 공급되면 내 · 외부가 변화하기 시작한다.

(1) 컬러의 변화(Change of Color)

녹색(Green) → 노란색(Yellow) → 밝은 갈색(Light Brown) → 갈색(Medium Brown) → 짙은 갈색(Dark Brown) → 검은색(Dark)으로 변화하며, 각 단계마다 미세한 색의 변화가 있다. 생두의 종자, 조밀도, 수분 함량, 가공 방법에 따라 변화되는 시점에는 차이가 있지만 색의 변화는 동일하다.

(2) 향의 변화(Change of Aroma)

생두 고유의 향 → 수분 증발 향, 생두 향 → 단향 → 단향과 신향 → 신향 → 신향과 커피 고유의 향 → 커피 고유의 향 → 향의 감소 → 향의 소멸로 진행된다.

후각을 통해 각 단계별 향의 변화를 느낄 수 있는데, 이는 로스팅하면서 느끼는 행복 중 하나이며, 커피 산지에 따른 향 차이와 변화는 매우 흥미로운 일임에 틀림없다. 예를 들면, 커피에 따라 단향은 다양한 느낌으로 나타나는데, 캐러멜 향(Caramelly), 너트 향(Nutty), 초콜릿 향(Chocolaty), 꿀 향(Honey) 등이다.

(3) 모양의 변화(Change of Shape)

생두의 모양은 조밀도, 수분 함량에 따라 크게 2가지 형태로 변화한다.

① 조밀도가 강하면서 수분 함량이 많은 생두인 경우
노란색(Yellow), 1차 크랙(1st Crack) 단계에서 원두 표면에 많은 주름이 생기게 되는데, 이는 수분 함량과 단단함의 정도에 따른 현상이다. 원두 표면의 주름은 2차 크랙(2nd Crack)이 진행되면서 완전히 펴지게 되고, 원두의 내·외부 조직의 벌어짐을 최대화시켜 커피의 맛과 향을 이끌어 내게 되는 것이다.

② 조밀도가 약하면서 수분 함량이 적은 생두인 경우
부피의 변화만 일어나며, 원두 표면의 주름은 조밀도가 강한 생두에 비해 적게 생긴다. 원두 조직을 벌리는 데 어려움이 적어 비교적 쉽게 로스팅할 수 있다.

(4) 무게의 변화(Change of Weight)

수분의 함량과 로스팅 정도에 따라 무게의 변화는 다르다.

약하게 볶으면 원두 내부의 수분 증발이 적게 이루어지나, 강하게 볶으면 수분의 증발이 많아 무게가 가벼워진다. 로스팅을 강하게 하면 할수록 무게는 점점 감소하여 수분 함량이 0%까지 내려가기도 한다.

예를 들어, 1kg 생두를 로스팅할 경우, 로스팅 정도에 따른 무게의 변화는 다음과 같다.

- 약한 로스팅(Light Roasted) : 12~15% 정도 감량, 약 850g 생산
- 중간 로스팅(City Roasted) : 17~20% 정도 감량, 약 800g 생산
- 강한 로스팅(French Roasted) : 25% 정도 감량, 약 750g 생산

Tip ▶ New-Crop, 조밀도가 강한 경우 단계별 변화

항 목	투입 전	투입 후	Yellw 시점		1st Crack		2nd Crack	
			시작	종료	시작	종료	시작	종료
컬러 (Color)	녹색 (Green)	밝은 녹색 (Light Green)	밝은 노란색 (Light Yellow)	밝은 갈색 (Light Brown)	밝은 갈색 (Light Brown)	갈색 (Medium Brown)	갈색 (Medium Brown)	짙은 갈색 (Dark Brown)
아로마 (Aroma)	풋 향 (Grassy)	수분증발 수증기	단향 발산	단향 종료	신향 발산	신향 종료	고유 향 발산	고유 향 종료
모양 (Shape)	생두형태	주름발생	깊은 주름 부피 줄음	깊은 주름 부피 줄음	조금 펴짐 부피 커짐	펴짐 부피 커짐	완전 펴짐 부피 커짐	오일 발생 부피 종료
무게 (Weight)	1kg생두			5～8% 감소		12～15% 감소	15～18% 감소	20～25% 감소
로스팅 포인트						Light Roast	City/Full City	French～

3) 로스팅 머신의 각 부분별 명칭과 역할

현재 국내에서 많이 사용되고 있는 로스팅 머신 중 대표적인 3가지만 설명하고자 한다.

▶ 프로밧(Probat, 독일 제품)

▶ 후지로얄(Fuji－Royal, 일본 제품)

▶ 디드릭(Diedrich, 미국 제품)

Tip ▶ 부분별 역할 설명

- 전원 스위치 : 로스터 본체에 전원 ON, OFF 기능
- 화력 조절계 : 드럼 내 · 외부에 필요한 열량을 공급하는 역할
- 온도계 : 드럼 내부의 온도 변화를 체크해 주는 역할
- 호퍼 : 볶을 생두를 담아 놓는 곳
- 확인창 : 커피의 볶음 정도를 볼 수 있는 창
- 확인봉 : 로스팅 과정 중 향, 모양, 컬러의 변화를 직접 확인할 수 있는 봉
- 배출구 : 로스팅을 마친 커피가 배출되는 곳
- 쿨링판 : 로스팅된 커피를 빠르게 식혀 주는 역할
- 냉각 쿨러 : 골고루 식혀 주기 위한 교반 역할
- 댐퍼 : 드럼 내부의 열량, 향, 연기, 실버스킨 등을 조절하는 기능
- 집진기 : 로스팅 과정에서 발생하는 실버스킨과 기타 불순물을 모아 주는 기능

4) 로스팅 그래프를 이용한 로스팅 단계별 변화

로스팅 과정을 매분마다 온도와 같이 측정하여 표시한 후 연결 지으면 일반적인 로스팅 그래프가 만들어진다. 그래프에 표시된 대로 로스팅 과정을 단계별로 살펴보면 다음과 같다.

▶ 로스팅 그래프

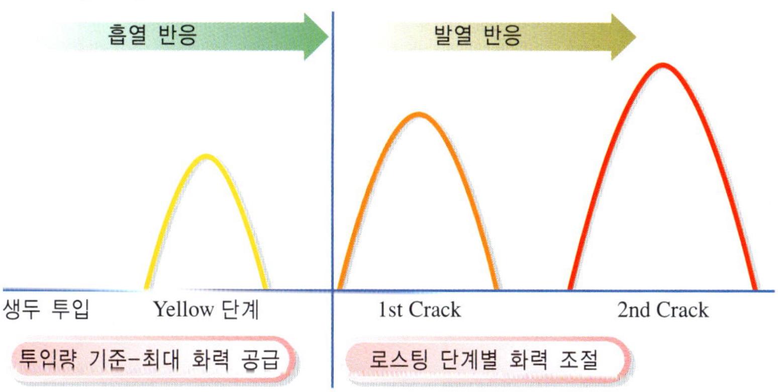

(1) 생두 투입 단계

예열된 드럼의 온도가 원하는 기준에 도달하게 되면 생두를 투입한다.

드럼 내부의 온도는 생두가 투입된 직후 급격히 떨어지기 시작하여 일

정 온도에 도달하면 멈추게 되는데, 이를 '중점'이라고 부른다. 중점을 지나면서 드럼 내부의 온도는 서서히 올라가고 생두 속의 수분은 방출된다. 수분은 수증기 형태로 증발하며 동시에 생두가 필요한 만큼의 열량을 흡수하는데 이를 흡열 반응이라 부른다.

(2) 노란색(Yellow) 단계

중점을 지난 생두는 본격적으로 물리 · 화학적으로 변화되기 시작한다. 색상은 녹색(Green)에서 노란색(Yellow)으로, 향은 생두의 고유의 향(매콤한 향)에서 단향으로 변화된다.

많은 로스터들은 로스팅 과정 중 여러 향의 변화를 느낄 수 있지만, 단향이 강하게 나는 노란색(Yellow) 단계에서 가장 좋은 느낌을 가질 수 있다고 얘기한다.

모든 커피가 단향을 발산하지만, 품종에 따라 발산되는 시점, 향의 지속성, 강도 등에는 차이가 있다. 이 때의 커피는 신맛이 강하고, 곡물 맛, 비릿한 맛이 나며 향과 바디(Body)는 거의 느끼기 힘들다.

(3) 1차 크랙(1st Crack)

로스팅은 크게 보면 흡열 반응과 발열 반응이 순차적으로 진행되는 과정이라고 할 수 있다. 1차 크랙(1차 벌어짐)시 '티딕 티딕' 하는 소리가 나는데, 이 때가 발열 반응의 시작이다. 발열 반응이란 커피 조직 속에 흡수된 열이 원두 바깥으로 발산되는 과정을 말한다. 흡열이 충분히 이루어진 원두의 조직이 벌어지면 크랙(Cracking, 티딕 티딕 나는 소리)이 들리게 되며, 이 순간 원두 겉과 안쪽에 숨어 있던 커피 향이 발산되기 시작하는 것이다. 이 때는 신향이 강하며 코끝을 강하게 자극하기도 하고, 과일의 상큼한 신향, 레드 와인의 드라이한 신향, 자극적인 매운 향, 신향이 부족한 커피 향 등 여러 향이 다양하고 복잡하게 나타난다.

커피 산지에 따라, 품종에 따라 각기 다른 신향을 발산하기 때문에, 로스팅시 느끼는 매력은 각별하다고 할 수 있다.

이 때 커피 맛은 신맛이 안정되고 풍부해지며, 바디는 점점 강해지기 시작한다.

(4) 2차 크랙(2nd Crack)

발열 반응 중 마지막 단계로 중요한 시점에 해당된다.

원두 조직이 최대한으로 팽창되어 1차 크랙 때보다 더욱 강한 커피 향이 되며, 향은 최고치를 이룬다. 한편 커피가 가지고 있는 여러 성분 중 지방 성분이 원두 표면으로 표출되어 윤기가 나며 반질반질해진다. 그 후 원두의 팽창은 멈추게 되고, 커피 향의 발산도 줄어들기 시작한다. 다시 말해, 지방 성분이 나오기 전 시점에서 원두 조직을 최대로 팽창시켜 커피 고유의 향을 스며들게 해야 한다는 뜻이다.

이 때의 커피는 쓴맛과 단맛이 조화롭게 나타나고, 대개의 커피는 신맛이 줄어들며, 풍부한 바디감을 느낄 수 있다.

(5) 2차 크랙 이후, Dark French

커피의 맛과 향이 모두 사라지고 표면의 지방 성분도 다 타버려 숯처럼 된 상태, 즉 커피의 매력은 찾아볼 수 없는 시점이다.

로스팅 공부를 하다 보면 자신의 의지와 무관하게 경우에 따라 이 단계까지 가는 실수를 저지를 때가 있다. 맛과 향이 사라진 커피를 맛보는 것도 색다른 흥밋거리가 아닐는지? 꼭 한번 경험해보자. 로스팅의 중요성을 생각할 수 있는 좋은 기회이기 때문이다.

5) 실패한 로스팅 분석 방법

(1) Baked Bean

투입량에 비해 너무 과한 열량이 드럼 내부의 원두에 전달됨으로써 겉면만 타고 내부는 제대로 익지 않는 경우이다. 주로 다음과 같은 조건에서 나타나게 된다.

① 온도는 높고 로스팅 시간이 짧은 경우
② 투입량에 비해 너무 높은 온도로 로스팅한 경우
③ 로스팅 과정 중 갑작스럽게 고온 로스팅을 하는 경우
④ 발열 반응인 1차 · 2차 크랙 시점에서 화력 조절에 실패한 경우

▶ 원두 내 · 외부의 색상 물일치

이와 같은 경우에는 원두 조직의 벌어짐이 달라져 내 · 외부의 색상이 일치하지 않는다. 따라서 맛과 향이 불안정해져 훌륭한 커피 맛을 기대할 수 없다.

(2) Raw Nut

▶ Raw Nut

약한 열량으로 단시간 로스팅한 경우 나타나는 현상이다. 원두 조직이 제대로 벌어지기 전에 종료함으로써 설익은 콩 냄새가 나타나게 된다.

① 저온으로 로스팅을 짧게 한 경우
② 투입량에 비해 너무 낮은 온도로 로스팅한 경우
③ 흡열 반응 시점에서 투입된 열량이 부족한 경우
④ 수분이 많은 생두를 라이트 로스트(light roast) 정도로 볶은 경우

(3) Tipping

▶ Tipping의 경우

외부 조직은 로스팅이 잘된 느낌을 주지만, 실질적으로 내부는 로스팅이 제대로 되지 않은 경우에 해당된다. 쓴맛과 설익은 냄새가 나며, 원두의 색상은 어두운 빛깔을 띤다.

① 저온으로 오랫동안 로스팅 한 경우(저온 장시간 로스팅)
② 흡열 반응 시점에서 열량 공급이 부족한 경우
③ 발열 반응 시점에서 화력 조절에 실패한 경우

가장 이상적인 로스팅 방법은 다음과 같다.

① 정확히 평가된 생두에 맞는 투입 온도 설정
② 투입량에 따른 투입 온도 설정
③ 투입된 생두에 맞는 초기 화력 설정
④ 흡열 반응시 최대 화력 공급
⑤ 발열 반응시 화력 조절
⑥ 생두에 맞는 예열 방식, 뜸 방법 적용
⑦ 댐퍼를 이용한 향의 선택
⑧ 적절한 로스팅 시간

Tip ▶ 로스팅시 필요한 생두 평가하기

1. 시각에 의한 평가

① 생두의 색상 : 수확 후 경과된 시간, 생두 내의 수분 함량 등에 따라 다음과 같이 분류된다.

- 푸른 빛이 도는 녹색(Blue-Green)
- 푸른 빛(Bluish)
- 녹색(Green)
- 녹색 빛 도는(Greenish)
- 노란 빛이 도는 녹색(Yellow-Green)
- 연노란색(Pale Yellow)
- 노란 빛이 도는(Yellowish)
- 갈색 빛이 도는(Brownish)

② 생두의 수확 연수 : 수확 후 얼만큼의 시간이 경과되었는가에 따라 다음과 같이 분류된다.

- New-Crop (수확된 지 1년 이하인 햇 생두)
- Past-Crop (1~2년 된 생두)
- Old-Crop (2년 이상 된 생두)

③ 결점두(Defect Beans) 평가 : 결점두는 원두의 맛과 향에 악영향을 미치므로 골라 내야 한다.

④ 생두 모양의 차이 : 생두의 두께, 형태에 따라 로스팅시 초기 열량의 강약, 로스팅 진행 중 생두 내부의 적절한 열량 공급을 하기 위한 평가이다.

⑤ 생두의 크기와 균일성

2. 후각에 의한 평가

생두의 향은 산지의 가공 과정에 따라 다양하게 나타난다. 신선한 생두일수록 풋풋한 향이 나며, 경우에 따라 매운 향을 발산하기도 한다. 생두의 나쁜 향은 대개 가공 과정의 부주의가 가장 큰 원인이며, 주로 느낄 수 있는 향은 흙냄새, 나무 냄새, 연기 냄새, 비릿한 냄새, 고약한 냄새, 발효된 냄새 등이 대표적이다.

3. 촉각에 의한 평가

생두의 무게(수분 함량, 생두의 품종에 따라 달라짐), 가공 과정에 따른 실버스킨 부착 정도에 따라 손으로 느끼는 감촉과 무게감이 다르다. 한편, 같은 종인 경우에도 재배 고도에 따라서도 다르게 느껴진다.

구분	수분 함량	재배 고도
무게감	New-Crop 〉 Old-Crop	고지대 재배 〉 저지대 재배
조밀도	강한 종자 〉 약한 종자	고지대 재배 〉 저지대 재배
촉감	New-Crop(세척 방식) : 촉촉한 느낌 Old-Crop(자연 건조 방식) : 마른 느낌	고지대 : 단단함 느낌 저지대 : 다소 무른 느낌

4. 청각에 의한 평가

생두를 같은 높이에서 떨어뜨렸을 때 소리는 다음과 같이 차이가 있다.

수분 함량에 따라서 New-Crop이 Old-Crop에 비해 큰 소리가 난다. 조밀도에 따라서는 콜롬비아가 브라질에 비해 크며, 생두 품종에 따라서는 버본(Bourbon)이 타이피카(Typica)에 비해 소리가 크다. 평가하고자 하는 생두 상태를 시각적 · 후각적 · 촉각적 · 청각적 · 미각적으로 엄격하고 정확하게 파악하게 되면 로스팅할 생두의 특징을 알 수 있고, 이는 성공적인 로스팅에 중요한 열쇠가 된다.

4

추출 – 핸드드립 외

1. 추출이란?
2. 다양한 추출 방식
3. 여러 추출 기구의 소개

일본 동경 「하토우」

about coffee

1. 추출이란?

추출 기구는 다양하나, 모든 기구들은 다음과 같은 과정을 거쳐 커피를 추출한다.

먼저 로스팅한 원두를 분쇄한 후 물을 주입하여 스며들게 한다. 커피를 찬물로 우려내는 워터 드립(water drip) 방식이 있기는 하나, 일반적으로는 뜨거운 물이 사용된다. 뜨거운 물은 커피가 가지고 있는 여러 성분들을 녹이고, 녹은 성분들은 커피 입자 밖으로 계속 흘러 나오게 되는데, 이 때 흘러 나오는 액체가 바로 커피이다.

뜨거운 물은 커피 향미 성분의 약 80% 정도를 추출할 수 있는데, 보통 맛있는 성분(향기, 상큼한 맛, 달콤한 맛)은 먼저 추출되고, 좋지 않은 성분(떫은 맛, 쓴맛)은 물과 오래 접촉하면서 천천히 추출된다. 따라서 커피 추출 시에 여러 사항들을 고려할 필요가 있으나 '시간'도 꼼꼼히 체크해야 할 요인 중 하나이다.

추출 시 상큼한 맛, 달콤한 맛의 성분들만을 뽑는다고 해서 맛있는 커피가 되는 것은 아니다. 맛있는 성분들이 떫은 맛, 쓴맛 등의 좋지 않은 성분들과 잘 조화를 이룰 때 한 잔의 완벽한 커피가 될 수 있다. 따라서 추출하고자 하는 사람은 사용하려고 하는 추출 기구들의 특성을 제대로 파악하고 다룰 수 있는 요령을 터득해야 한다.

한편 추출 기구의 특성 파악과 함께 고려해야 할 여러 가지 요소들은 다음과 같다.

- 원두의 종류(원산지)
- 원두의 로스팅된 정도(시나몬 로스팅~이탈리안 로스팅)
- 원두의 신선도(로스팅한 날부터 경과된 시간)
- 원두의 분쇄 입도
- 사용하고자 하는 원두의 양

- 사용하고자 하는 물의 종류 및 온도
- 추출하고자 하는 커피의 양
- 추출 시간

위의 요인들은 '3. 여러 추출 기구의 소개'에서 다시 자세히 설명하기로 한다.

커피를 생산하지 않는 우리 나라의 경우, 생두에 관한 정보가 많지 않아 로스팅과 추출 테크닉에 의해 커피 맛이 좌지우지된다고 여기던 시절이 있었다. 그러나 음식도 재료의 신선도가 중요하듯이, 한 잔의 맛있는 커피를 추출하기 위해서 가장 중요한 것은, 좋은 품질, 신선한 생두임을 다시 한번 밝혀 둔다.

about coffee

2. 다양한 추출 방식

같은 원두를 사용했음에도 불구하고 어떤 기구를 사용하여 추출하느냐에 따라 커피 맛은 현저하게 달라질 수 있다.

현재까지 개발된 커피 기구들은 다양하나, 다음과 같은 몇 가지의 원리에 의해 추출된다.

1) 우려내기 방식(steeping)

분쇄된 원두가 뜨거운 물과 일정한 시간 접촉한 후 추출액을 분리하는 방식으로, 프렌치 프레스가 대표적이다.

2) 끓임 방식, 달임 방식(boiling, decoction)

분쇄된 원두를 뜨거운 물에 넣고 일정 시간 끓여 주는 방법으로, 커피의 가용성 성분이 가장 많이 추출된다. 이브릭(긴 손잡이 달린 주전자)이 해당된다.

3) 반복 여과 추출 방식(percolation)

뜨거운 물과 커피 추출액이 반복하여 커피 층을 통과하면서 추출되는 방식으로, 퍼콜레이터가 대표적이다. 추출 시간은 커피의 입도, 물의 온도 등에 따라 달라진다.

4) 여과 추출 방식(drip filtration)

여과용 필터에 분쇄한 원두를 넣고 위에서 뜨거운 물을 주입하여 커피를 추출하는 방식으로, 전기식 커피 메이커, 핸드 드립 방식이 대표적인 여과 추출법에 해당한다.

5) 진공 여과 추출 방식(vacuum filtration)

우려내기 방식을 변형한 것으로, 사이펀 추출기가 대표적이다.

6) 가압 여과 추출 방식(pressurized infusion)

2~10기압의 뜨거운 물이 커피 층을 통과함으로써 가용성 성분과 불용성 성분을 함께 추출하는 방식으로, 에스프레소 머신이 해당된다.

about coffee

3. 여러 추출 기구의 소개

1) 핸드 드립(hand-drip)

이브릭에 커피 가루와 물을 넣고 불에 달여서 먹는 진하고 텁텁한 터키식 커피가 유럽에 상륙하였을 당시, 초기에는 그대로 음용되었으나 좀더 깔끔한 커피, 즉 가루는 분리해 내고 커피 액만을 마시기 원하는 유럽인들에 의해 새로운 추출 기구들이 발명되었다. 그렇게 개발된 것 중 하나가 핸드 드립 방식이다.

핸드 드립은 여과 필터에 분쇄한 원두를 넣고 뜨거운 물을 주입하여 커피 액을 추출해 내는 방식이다. 처음 사용된 여과 필터는 융(천의 일종, flannel)이었다고 한다. 융은 커피 성분 중 지방을 흡착하지 않고 그대로 추출하게 하여 커피 맛을 풍부하게 하는 장점이 있기는 하나, 보관하고 관리하는 데 어려움이 따른다. 따라서 후에 종이 필터가 개발되었는데, 현재도 가장 보편적으로 사용되고 있다.

핸드 드립 방식은 커피 고유의 향과 맛을 그대로 느낄 수 있다는 장점이 있기는 하나, 모든 과정이 손으로 이루어지므로 한 잔을 추출하기 위한 시간이 5~8분 가량 소요된다. 따라서 커피를 빠른 시간 내에 대량으로 판매하고자 했던 유럽의 카페들은 좀더 혁신적인 커피 추출 기구를 원하게 되었고, 이와 같은 요구에 힘입어 출연한 것이 에스프레소 머신이다.

한편 핸드 드립 방식은 일본으로 건너가 크게 발전하게 되었다.

많은 일본의 가정에서 핸드 드립 방식으로 커피를 추출하면서 다양한 여과 필터들이 개발되었다. 또한 핸드 드립 방식으로만 추출한 커피를 판매하는 커피숍들이 많아졌다. 현재는 그 역사가 50년 이상 된 곳도 있으며, 커피숍 운영자들에 의해 얻어진 추출 노하우를 공개하는 서적들을 쉽게 찾아볼 수 있다. 그런데 이 추출 기법이라는 것은 학문적 이론이나 정설이 있는 것이 아니다. 반복하여 추출하면서 얻어진 자기만의 경험치이다. 따라서 커피숍마다 사용하는 드리퍼와 추출하는 방법이 다르다.

이 책에서는 가장 보편적으로 사용되는 기법을 소개하기로 한다. 중요한 것은 다양한 방식들을 익혀서 자신에게 가장 맞는 방법을 찾아 내는 것이 아닐까 한다. 먼저 핸드 드립 방식으로 커피를 추출하기 위해서는 다음과 같은 도구들이 필요하다.

▶ 핸드 드립에 필요한 도구들

(1) 핸드 드립에 필요한 도구들

① 분쇄한 원두

커피 추출시에는 보통 분쇄된 원두를 사용한다. 과거에는 절구에 원두 알을 넣고 빻아서 분쇄하였고, 아프리카의 여러 나라들에서는 아직도 그 방법을 사용하고 있다고 한다. 그러나 현재 대부분은 전용 그라인더를 사용하고 있고, 판매 회사에 따라 종류도 다양하다.

▶ 분쇄 커피

▶ 수동식 핸드 밀

▶ 전동 그라인더

원두를 분쇄할 때에는 다음과 같은 내용을 잘 숙지하여야 한다.

㉮ 분쇄 입도 : 커피를 분쇄하는 이유는 다음과 같다.

커피를 잘게 부수면 표면적이 넓어져서 물이 원두 가루를 쉽게 통과하게 되고, 커피가 가지고 있는 고유의 성분들이 비교적 용이하게 추출될 수 있다.

그렇다면 어느 정도의 입도(굵기)로 분쇄하는 것이 바람직할까?

같은 입도로 분쇄하는 것이 아니라 각각의 추출 기구 특성에 맞게 입

▶ 전동 그라인더의 분쇄 입도 조절

도를 달리해야 한다. 일반적으로 핸드 드립의 경우는 0.5~1.0mm, 에스프레소 머신은 0.3mm 이하, 사이펀은 0.5mm, 프렌치 프레스는 1.0mm 이상이다.

'굵게 분쇄한 커피의 추출 시간은 길게, 가늘게 분쇄한 커피는 짧게!'

분쇄 입도가 추출 기구마다 다른 이유는 위의 내용 때문이다.

다시 말해, 굵게 분쇄된 커피는 입도가 굵으므로 커피 성분이 추출되는 시간이 길 수밖에 없다. 반면 가는 커피는 어떨까? 표면적이 넓어 쉽게 추출된다. 다시 말해, 짧은 시간에도 고유의 성분이 충분히 추출될 수 있다는 뜻이다. 그런데 가늘게 분쇄한 커피를 오랜 시간 추출해 보자. 당연히 쓴맛과 떫은 맛이 과다하게 추출되어 텁텁한 커피가 된다.

그렇다면 에스프레소 머신과 핸드 드립을 비교해 보자.

에스프레소 머신으로 1인분의 커피를 추출할 경우 약 25~30초, 한편 핸드 드립은 약 3분 정도가 소요된다.

에스프레소 머신으로 추출시 굵은 입도의 원두를 사용한다면 30초 내에 커피 성분을 원하는 만큼 우려내기 힘들다. 강한 압력을 가함에도 불구하고 말이다.

반면 핸드 드립의 경우, 밀가루 정도로 가는 굵기의 원두를 사용하면 진흙에 물을 붓는 것과 같은 현상이 나타난다. 추출 과정이 힘들 뿐 아니라, 추출도 잘 되지도 않고, 시간도 오래 걸려, 쓴맛만 강하고 텁텁한 커피가 된다.

따라서 분쇄 입도는 시간과 커피 맛에 지대한 영향을 미친다.

㉯ 입도의 고르기 : 분쇄 입도가 고를수록 가용성 성분이 빠르게 추출되어, 맛과 향기가 신선하고, 떫고 쓴맛이 덜 추출된다. 입도가 너무 작거나 고르지 않으면 물이 커피 층을 통과하는 데 시간이 오래 걸려 추출 속도가 늦어지고, 쓴맛이 많이 추출된다.

핸드 밀의 경우, 장식용으로 쓸 수 있다는 것과 가격이 저렴하다는 장점이 있으나, 고른 입도를 유지한다는 것은 기대하기 어렵다. 전동 그라인더는 기계 내부의 정기적인 청결 관리에 신경 쓰면서 관리한다면 항상 커피를 고르게 분쇄할 수 있다.

㉰ 추출 직전 분쇄 : 가능하다면 추출 직전에 원두를 분쇄하는 것이 좋다. 미

리 원두를 갈아 놓게 되면 향기 성분이 날아가기 때문이다.

사실 로스팅한 직후부터 커피의 향은 날아간다. 그러나 분쇄한 커피와 분쇄하지 않은 커피를 비교해 보면, 분쇄한 커피가 표면적이 더 크므로 쉽게 향기가 날아감을 알 수 있다. 따라서 커피 고유의 신선한 향을 즐기고 싶다면 추출 직전에 분쇄하도록 하자!

② 드립 포트

주전자로 분쇄 원두에 '어떻게 물줄기를 주입하는가'에 따라 커피 맛이 많이 달라진다. 다시 말해, 분쇄된 원두에 물을 균일하게 적셔 주어야 가용성 성분이 잘 용해되어 균형된 맛을 이룬다는 뜻이다. 만약 한쪽으로만 치우쳐서 너무 많은 물을 주입한다든지 또는 아예 물이 주입되지 못하는 부분이 발생한다면 커피 맛이 약하고 균형감이 상실된다.

그런데 일반적으로 드립 전용 주전자는 물의 배출구 부분이 좁고 길어 사용자가 물줄기를 조절하기에 용이하다. 일반 주전자도 사용할 수는 있으나 물 배출구 부분이 뭉뚝하고 굵으므로 물줄기를 조절하기가 힘들다. 따라시 되도록 진용 주진자를 사용하는 편이 바림직하다.

제조 회사에 따라 주전자 모양과 크기가 다양하고 재질도 조금씩 다르나, 장·단점을 잘 파악하여 사용자가 손에 익을 수 있도록 여러 번 연습하는 것이 필요하다.

▶ 한쪽으로 치우쳐서 주입되는 경우

▶ 드립용 주전자

왼쪽부터 법랑, 스테인리스, 구리

▶ 일반 주전자와 비교

핸드 드립용 주전자의 경우, 물 주입구의 위치가 일반 주전자에 비해 바닥쪽에 가깝고 주입구도 가늘고 길다.

▶ 융 드리퍼를 사용하여 추출 중

▶ 융 드리퍼

③ 드리퍼(driper)

드리퍼는 원두를 여과해 내는 도구로서, 과거에는 융 드리퍼가 사용되었으나 현재는 페이퍼 드리퍼가 주로 사용된다.

'융'은 플란넬(flannel)이라는 천의 일종이다. 융 드리퍼의 장점은 추출 시 커피의 지방 성분을 흡착하지 않아 강한 바디감을 느낄 수 있도록 한다는 것이다. 그러나 사용 후에는 항상 삶은 뒤 찬 물에 보관해야 하는 어려움이 있으므로 현재는 많이 사용되고 있지 않다.

이와 같은 불편함 때문에 개발된 것이 페이퍼 드리퍼이다. 융은 손잡이를 잡고 추출해야 하는 단점이 있으므로, 일반적으로 전용 삼발이를 사용하기도 한다. 페이퍼 드리퍼는 플라스틱, 도기, 금속 등 재질이 다양한데, 가장 보편적으로 사용되는 것은 플라스틱이다. 도기와 금속은 추출시 온도를 유지할 수 있다는 장점이 있으나 플라스틱보다는 고가(高價)이다.

커피 양을 얼마만큼 추출할 것인가에 따라 1~2인용, 3~4인용, 5~8인용 등 크기도 다양하다.

우리 나라에서 일반적으로 사용되는 것들은 멜리타, 칼리타, 고노이다.

멜리타의 경우는 독일인 멜리타(Melitta) 여사가 처음 발명한 것으로, 드리퍼 안에 커피가 추출되는 구멍이 1개이다. 바닥은 약간의 경사가 있고, 립(rib : 공기가 잘 빠지도록 줄 모양으로 생긴 홈)의 길이는 짧다.

칼리타(Kalita)는 멜리타의 단점을 보완하여 일본에서 개발된 것으로, 추출구는 3개이고 바닥은 수평이며 립은 드리퍼 끝까지 올라와 있다. 추출 시간은 멜리타에 비해 빠르다.

▶ 멜리타

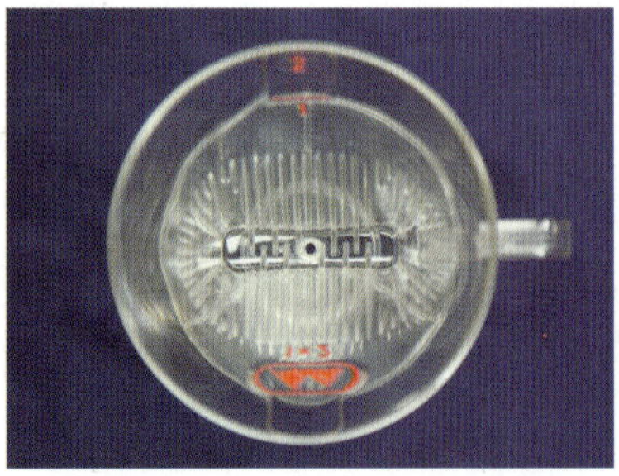

추출구는 1개이며, 지름 약 0.3cm(추출구의 지름 크기는 3~4인용을 기준)

▶ 칼리타

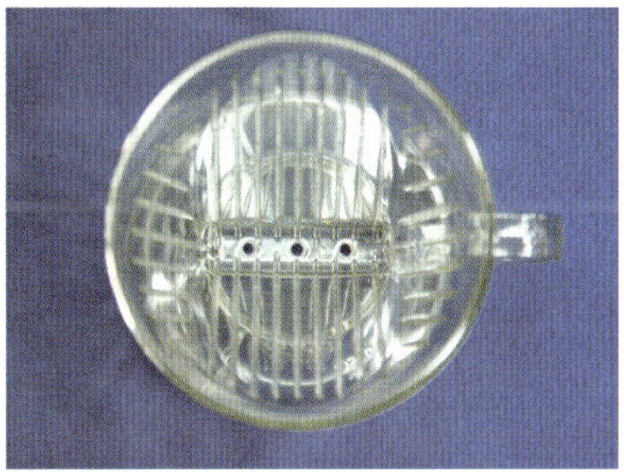

추출구는 3개, 지름 약 0.5cm(추출구가 멜리타에 비해 많기 때문에 추출시간이 빠르다.)

한편 고노(Kono)는 융 드리퍼의 모양을 본따 만든 것으로, 추출되는 구멍은 1개이며, 크기가 크고 추출되는 속도도 빠르다. 한편 다른 드리퍼에 비해 좀더 부드러운 맛의 커피를 추출할 수 있다.

그 외에도 하리오(Hario), 바하식 드리퍼 등 다양하다.

▶ 고노

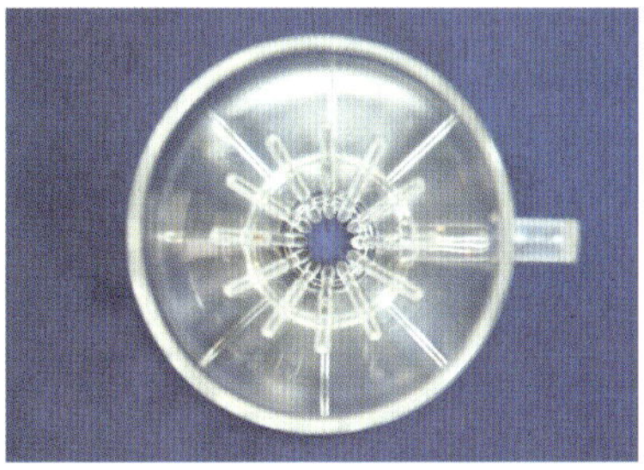

추출구 1개, 지름 약 1.4cm

▶ 하리오

추출구는 1개, 지름 약 1.8cm(추출구의 크기가 고노에 비해 크므로 같은 원두 사용 시에도 맛이 더 부드럽다.)

▶ 왼쪽부터 1~2인용, 3~4인용, 5~8인용으로 크기 다양

▶ 왼쪽부터 도자기, 플라스틱, 구리 드리퍼

④ 여과지(종이 필터)

드리퍼의 모양과 크기에 따라 전용 여과지도 각기 다르다.

재질에 따라서는 누런색의 천연 펄프 여과지와 흰색의 표백 여과지가 있다. 과거 미국에서 여과지를 표백시키는 표백용 염소가 펄프 성분과 결합하여 다이옥신을 만들어 낸다는 발표가 있었다. 그 후 표백 여과지의 소비는 급격히 줄고 천연 펄프 여과지는 급증하였다. 인체에는 무해하다는 결과가 나오기는 했으나, 천연 펄프 여과지에서 추출시 펄프 맛이 난다는 부정적인 면이 있음에도 불구하고 많이 사용되고 있다.

▶ 여과지

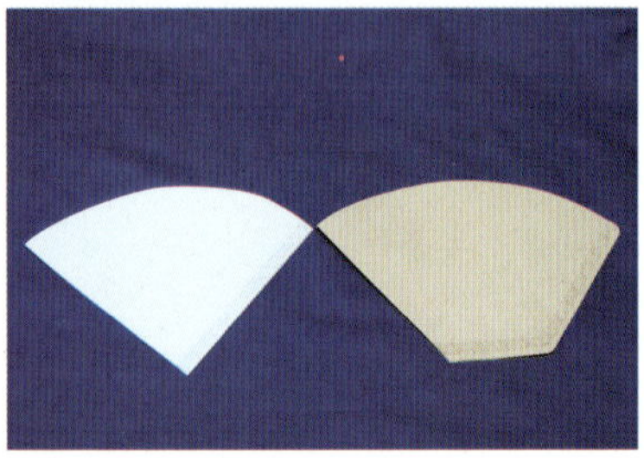

왼쪽은 고노용, 오른쪽은 칼리타용 여과지

참고 ▶ 융 필터

일본 도쿄의 로스터리 커피숍 〈래몽래인〉의 경우, 강한 바디감을 표현하기 위하여 종이 필터 대신 융 필터를 주문 제작하여 사용하기도 한다.

⑤ 서버(server)

서버란 드리퍼 밑에 놓고 추출된 커피 액을 받아 내는 용기이다. 커피숍의 경우 추출되는 양을 측정할 수 있도록 눈금이 있는 용기를 주로 사용한다. 그러나 가정에서는 컵에 직접 추출액을 받는 것도 무방하다. 전용 용기는 유리, 플라스틱 등 재질이 다양하다.

⑥ 온도계

핸드 드립시 고려해야 할 중요한 요인 중 하나가 물의 온도이다.

같은 원두를 사용할 경우 물의 온도가 낮으면 신맛과 떫은 맛이 강해지고, 높으면 쓴맛과 날카로운 맛이 강해진다.

따라서 물의 온도는 로스팅 정도를 고려하여 조절하는 것이 바람직한데, 일반적으로 약배전은 89~92℃, 중배전은 85~88℃, 강배전은 80~84℃ 정도가 적합하다.

한편 추출 직전의 물 온도와 추출되어 나온 커피 액의 온도를 비교해 보면 약 15~18℃의 차이가 있음을 알 수 있다. 예를 들어, 90℃의 물로 추출을 했다고 한다면, 마시기 직전 커피의 온도는 약 72~75℃ 정도가 된다는 뜻이다. 따라서 약 15~18℃의 차이를 감안하고 추출 온도를 잡도록 한다.

⑦ 스톱워치(커피 추출 시간 측정)

결론부터 말하면, 바람직한 추출 시간은 2인분 이하일 경우 3분 이내, 5인분은 5분 이내이다.

단시간에 추출한 커피는 균형감이 상실되고, 시간이 길어지면 쓰고 텁텁한 커피가 된다. 균형감이 없다는 뜻은 단맛, 새콤한 맛, 쓴맛 등이 조화를 이루지 못하고, 농도도 약하며, 가벼운 커피가 된다는 것이다(제6장 커피의 맛과 향기의 평가 참조).

앞에서 언급한 바와 같이, 향기 성분, 달콤한 맛, 새콤한 맛 등을 내는 성분들은 먼저 주출되고, 쓴맛, 떫은 맛을 내는 성분들은 나중에 추출된다.

그렇다면 맛있는 성분만을 추출하기 위해 주전자로 물줄기를 굵게 하고 단시간에 추출하면 어떤 결과가 나올까? 원하는 대로 맛있는 커피가 될까?

▶ 커피 추출 시간과 커피 향미의 변화 곡선

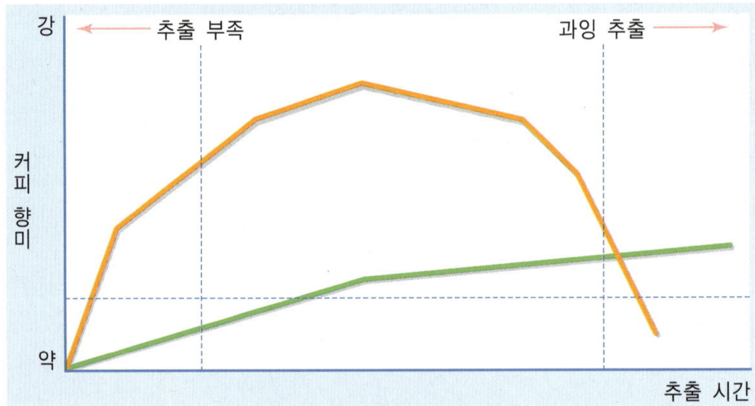

실질적으로 추출해서 마셨을 때 쉽게 느낄 수 있는 사실은 맛있는 성분만을 추출했음에도 불구하고 균형감이 없는 커피가 된다는 것이다.

일반적으로는 맛있는 성분만이 커피의 맛을 향상시킨다고 생각할 수는 있겠으나, 맛있는 성분과 쓴맛, 떫은 맛 등이 잘 조화를 이루어야 좋은 커피를 만들 수 있다. 한편 추출 시간이 길어져 쓴맛, 떫은 맛 등이 너무 과하게 추출되면 텁텁한 커피가 되어 버린다.

추출 시간을 잘 조절하는 것은 커피 맛과 농도에 중요한 영향을 미친다.

⑧ 계량 스푼(사용 커피의 정확한 측정)

한 잔의 커피를 위해서는 보통 원두 10g을 사용하여 약 150mL의 커피를 추출한다. 그러나 원칙이 정해져 있는 것은 아니고 얼마든지 조절할 수 있다. 예를 들면, 10g의 원두를 사용하여 200mL의 커피와 100mL의 커피

▶ 계량 스푼

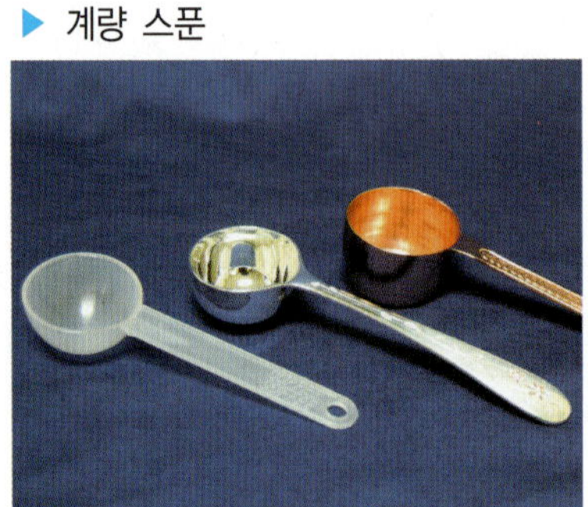

▶ 전자 저울을 이용한 원두 측정 모습

를 각각 추출했다고 가정해 보자. 전자의 경우 농도가 약하고 부드러운 커피가 추출될 것이고, 후자의 경우는 진하고 풍부한 커피가 추출될 것이다. 마시는 사람의 기호에 따라서 전자의 커피를 좋아하는 사람, 후자의 커피를 좋아하는 사람이 다를 것이다. 따라서 '어떤 비율로 추출할 것인가?' 하는 것은 추출하는 사람의 선택이다. 중요한 것은 여러 번 추출하여 자신의 입맛에 맞는 '사용 원두량과 추출량'을 찾아 내는 것이다.

| 주의 | 약배전된 원두 10g과 강배전된 원두 10g으로 같은 양의 커피를 추출했을 경우, 어느 쪽이 더 연하고 부드러운 맛을 낼까 생각해 보자. 누구나 쉽게 알 수 있는 사실이겠지만, 약배전된 원두다.

그런데 강배전된 원두로 연한 커피를 추출할 수도 있지 않은가? 그렇다면 자연적으로 '사용 원두량은 적게, 추출량은 많게' 추출할 수밖에 없을 것이다. '추출 시간'은 어떤가? 적은 원두량으로 많은 양의 커피를 뽑기 위해서는 오랜 시간이 걸리고, 그러다 보면 텁텁하고 불쾌한 맛의 커피가 추출될 수 있다.

본인이 마시고자 하는 커피의 농도를 고려하여 약배전·강배전된 원두를 고르고, 사용량과 추출량을 결정하자. 또한 시간이라는 부분도 민감하게 신경 써야 한다.

(2) 추출 과정

앞에서 설명한 바와 같이, 드리퍼 종류는 다양하다. 또한 같은 드리퍼를 사용한다 하더라도 추출하는 사람에 따라 방법도 여러 가지이다.

그렇다면 지금부터 칼리타를 이용하여 약 10g의 커피로 150mL의 커피를 추출해 보도록 하자.

① 드리퍼에 종이 필터를 끼우기

종이 필터를 접는 방법은 다음과 같다.

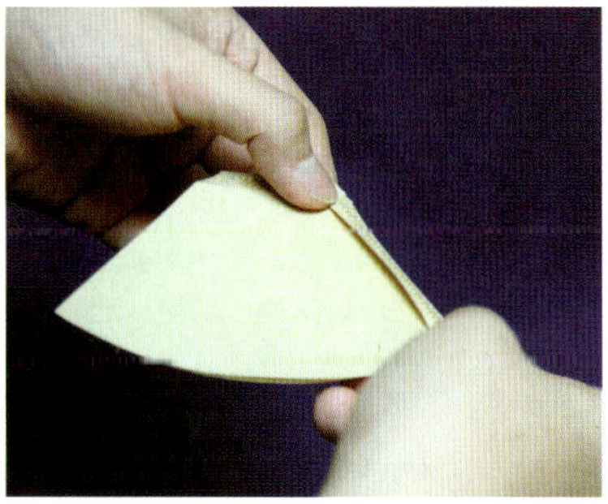

빗살무늬가 있는 부분을 추출하는 사람의 앞으로 오도록 접는다.

필터 밑 부분을 엇갈려 반대쪽으로 접는다.

드리퍼에 종이 필터를 끼우고 압착시켜 드리퍼와 필터 사이에 공기가 최대한 들어가지 않도록 만들어 준다.

② 원두를 분쇄하여 드리퍼에 붓기

분쇄한 원두가 평평하게 되도록 드리퍼를 살짝 쳐 준다. 물을 균일하게 주입하기 위해서는 표면이 고른 상태를 유지해야 하기 때문이다.

드리퍼에 분쇄한 원두를 넣는다.

드리퍼를 살짝 치며 원두를 균일하게 만든다.

③ 물을 끓여 드립 포트에 붓기

'몇 잔을 추출할 것인가'에 따라 사용해야 하는 드립 포트의 크기와 물의 양이 달라진다. 여러 잔을 추출하려고 한다면 당연히 용량이 큰 드립 포트와 많은 물이 필요하다.

포트에는 물을 8부 정도 채운 후 추출하는 것이 바람직하다. 반 정도만 채우고 추출하게 되면 추출 도중 물줄기가 갑자기 끊어지기도 하고 너무 많이 나오기도 하는 등 조절이 잘 되지 않기 때문이다.

따라서 비록 한 잔을 추출한다 하더라도 최소한 8부 정도의 물을 붓도록 한다.

끓는 물을 드립 포트에 붓는다.

④ 추출하고자 하는 온도로 물의 온도를 낮추기

먼저 드립 포트에 온도계를 꽂는다. 다음 뜨거운 물을 서버로 옮겨 붓고, 서버에서 드립 포트로, 드립 포트에서 다시 서버로 몇 차례 반복하여 원하는 추출 온도를 맞춘다.

이런 과정을 거치는 것은 물론 물의 온도를 낮추기 위해서이기도 하나 서버를 예열하기 위한 목적도 있다. 드리퍼에서 추출되는 뜨거운 커피 추출액이 차가운 서버에 떨어졌다고 생각해 보자. 약 2~3℃ 정도의 온도가 더 내려가게 되는데, 온도 자체만을 놓고 봐서는 큰 차이가 아니겠지만,

드립 포트에서 서버로, 서버에서 드립 포트로 물을 옮겨 원하는 추출 온도를 맞춘다.

맛에 있어서는 민감하게 영향을 줄 수 있다. 애써 맞춰 놓은 온도가 무슨 의미가 있겠는가?

⑤ 뜸들이기

본격적인 추출에 앞서 소량의 물을 주입하여 커피 가루에 뜸을 들이는 단계이다.

뜸들이기의 목적은 다음과 같다. 첫째, 추출 전 커피 가루를 충분히 불려 커피가 가지고 있는 고유의 성분을 원활하게 추출할 수 있도록 한다. 둘째, 커피 내의 탄산가스와 공기를 빼내어 물이 용이하게 흐를 수 있는 길을 만들어 준다.

그렇다면 얼마만큼의 물을, 어떤 방식으로 부어 주어야 하는 것일까?

먼저, 다음의 그림을 참고하면서 주입하는 방식을 이해해 보자.

몇 가지 방법이 있는데, 점식, 8점법, 나선형 방식 등이 대표적이다.

점식은 커피 가루 전체에 골고루 물을 한 방울씩 떨어뜨려 뜸을 들이는 방식이다. 8점법은 중심을 기점으로 소량의 물을 8회에 나누어 부어 뜸을 들이는 방식이다. 나선형 방식은 중심에서 시작하여 바깥쪽으로 나선형을 그리며 부어 준다. 어떤 방법이든지 주의할 점은, 물을 커피 가루에 얹어 준다는 기분으로 주입하여야 한다는 것이다.

▶ 점식

물을 커피 가루 위에 점을 찍듯이 붓는다. 여러 차례 나누어 부으며, 골고루 적셔질 수 있도록 한다.

▶ 8점법

드리퍼의 중심을 기점으로 8회에 나누어 물을 붓되, 한쪽으로 치우치지 않도록 주의한다.

▶ 나선형

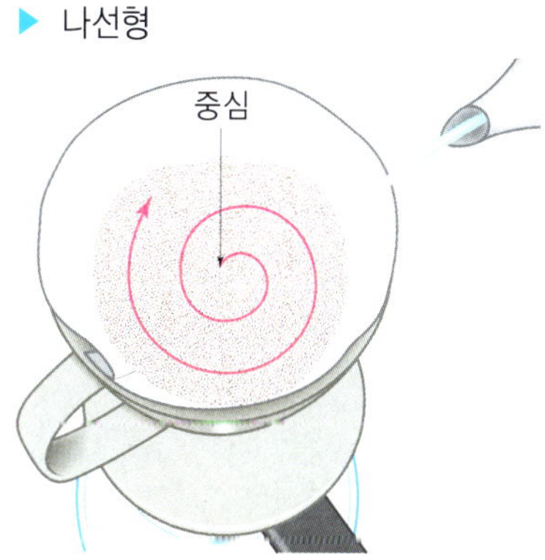

드리퍼의 중심에서 바깥쪽으로 '나선형'을 그리며 물을 필터에 붓는다. 물줄기가 종이 필터에까지 닿게 되면 종이 맛이 우러날 수 있으므로 주의한다.

이번에는 주입하는 물의 양이다.

주입 후 드리퍼에서 추출액이 '몇 방울만 똑똑' 떨어질 정도로 붓는다. 사용하는 원두의 양이 많으면 주입하는 물의 양도 많아지고, 적으면 주입하는 물의 양도 적어진다.

단, 주입하는 물의 양은 추출한 커피 액의 10%를 넘지 않도록 한다.

물을 너무 많이 주입한 경우에는 드리퍼를 통해 주르르 흘러나오게 되는데, 이것은 뜸이라기보다 추출이 바로 시작되었다고 할 수 있다. 이 같은 경우를 '과다 뜸'이라 부른다. 한편 적게 주입한 경우는 커피 가루를 충분히 적시지 못하게 되는데 '과소 뜸'이라고 한다. 두 가지 모두 바람직하지 않다. 왜냐 하면, 커피 가루를 불려 주는 과정이 불완전하므로 커피 성분이 충분히 우러나오기 힘들기 때문이다.

▶ 뜸 들이고 난 후의 모양

뜸을 들이게 되면 나타나는 현상은 사진에서와 같다.

신선한 커피의 경우는 많이 부풀어오르고, 오래 된 커피의 경우는 전혀 변화가 없다. 이유는 탄산가스 때문이다. 신선하면 신선할수록 탄산가스를 많이 함유하고 있어 그것에 의해 부풀어오르는 것이다.

주의 뜸을 들일 때 신선한 커피는 오래 된 커피에 비해 주입하는 물의 양이 많아야 한다. 동일한 양으로 물을 주입했을 경우, 오래 된 커피는 주입하자마자 드리퍼를 통해 커피 액이 주르르 흘러나오므로 적게 붓도록 한다.

뜸들이기가 추출의 성공 여부를 결정짓는 가장 중요한 단계이므로 세심한 주의가 필요하다.

⑥ 추출

뜸을 들였다면 본격적으로 추출에 들어가자. 추출은 약 4회로 나누어 하는 것이 바람직하다. 1차 추출이 들어가는 시점은 탄산가스에 의해 부풀어졌던 커피 가루가 평평하게 되는 시점이다. 평평하게 되기까지 소요되는 시간은 약 20~30초 정도이다. 그러나 이것은 신선한 커피일 경우이며, 커피의 신선도, 로스팅된 정도에 따라 달라지므로 정확히 단정짓기는 어렵다. 오래 된 커피는 부풀지 않으므로 뜸을 들인 후 바로 추출에 들어가도록 하며, 많은 양의 물을 한꺼번에 붓지 않도록 한다.

▶ 추출 과정

추출에도 여러 방법이 있으나, 칼리타의 경우는 나선형 방식으로 추출하는 것이 보편적이다.

주전자의 높이는 최대한 낮게 한다. 물은 골고루 부어야 하며, 면적은 되도록 넓게 한다.

또한 커피 가루에만 부어야 하며, 종이 필터에 물이 직접 닫지 않도록 주의한다. 1차 추출이 끝나고 커피 가루가 다시 평평해지면 2차 추출에 들어가며, 3차와 4차도 같은 방법으로 한다.

▶ 나선형

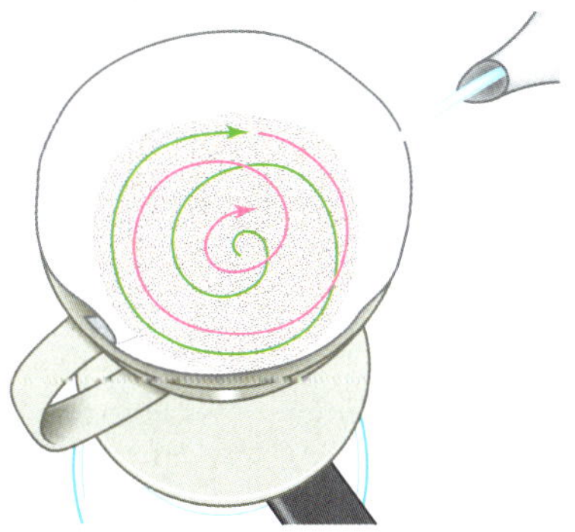

① 드리퍼의 중심에서부터 시작하여 바깥쪽으로 나선형을 그리며 물을 붓는다(초록 선).
② 바깥쪽까지 나갔다면, 다시 나선형을 유지하면서 중심을 향해 와서 멈춘다(빨간 선).
③ 원하는 양의 커피를 얻을 때까지 4회로 나누어 추출한다. 앞에서 언급한 바와 같이, 종이 필터까지 적시면 종이의 맛이 묻어날 수 있으므로 주의한다.

▶ 스프링

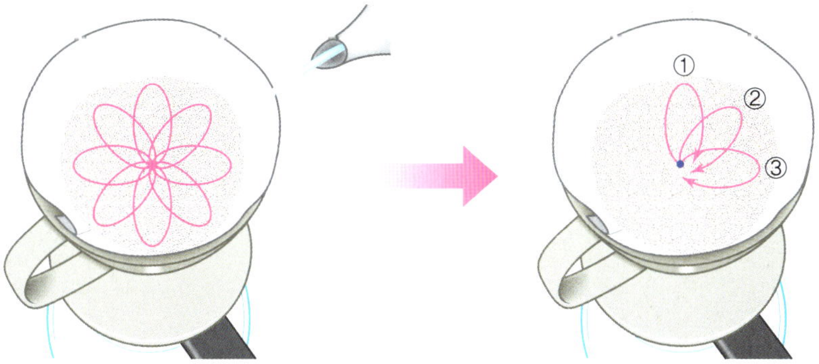

① 드리퍼의 중심을 기점으로 스프링 모양을 유지하면서 시계 방향으로 추출한다.
② 역시 원하는 커피 양을 얻을 때까지 약 4회로 나누어 추출한다.

▶ 동전식

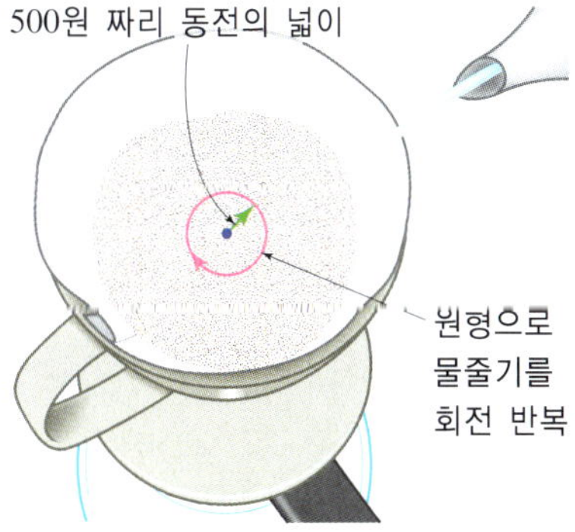

① 드리퍼의 중심에서 시작하여 500원 짜리 동전의 넓이를 유지하면서 지속적으로 물을 붓는다.
② 약 4회에 걸쳐 추출하는데, 1회당 약 5번 정도 주전자를 회전하면서 물을 주입한다.

▶ 점식

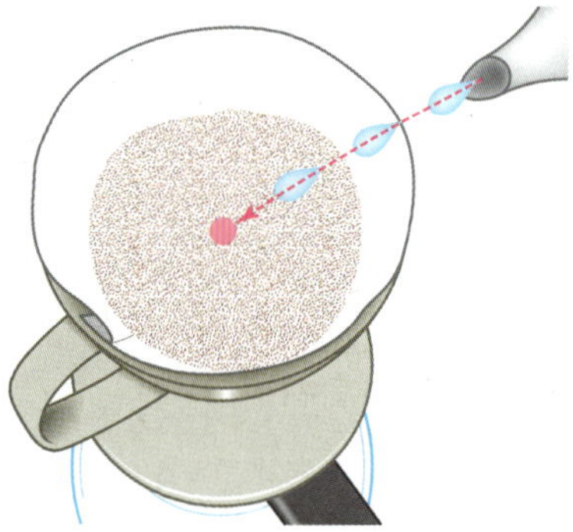

① 드리퍼의 중심에만 지속적으로 물을 주입하는 방식이다. 물은 붓는 것이 아니라, 한 방울씩 떨어뜨리며 주입하는 형태를 취한다. 원하는 커피 양을 추출하기 위해 오랜 시간이 걸린다는 단점이 있으나, 강한 바디감을 느낄 수 있다.

2) 사이펀

사이펀은 일본에서만 통용되는 이름이고, 우려내기 방식으로 추출되는 모든 기구들의 정확한 명칭은 배큐엄 브루어(Vacuum Brewer)이다.

처음 보는 사람들의 입에서 항상 감탄 소리가 흘러나올 정도로 우리 눈을 즐겁게 해 주는 기구 중 하나다.

1970년대 후반~1980년대 중반까지 대학가 주변의 커피숍에서 많이 취급했다고 하나, 보관과 취급의 불편함 때문에 현재는 유행의 뒤편으로 사라졌다. 그러나 사이펀의 향수를 기억하는 중년의 분들을 종종 만나곤 한다.

일본에는 사이펀으로만 커피를 추출하여 판매하는 전문점들이 많이 있다. 몇 해 전 일본의 대형 커피 회사인 UCC에서 명동과 강남에 대형 사이펀 커피 전문점을 오픈했었는데, 큰 성공을 거두지 못하고 문을 닫고 말았다. 여러 가지 문제점이 있었겠으나, 추출기의 보관과 취급에도 어려움이 있었다고 한다.

지금부터는 사이펀의 기구적인 특징과 추출 방법에 대해 알아보기로 하자.

(1) 기구의 소개

증기 압력과 진공 흡입 원리를 이용한 기구로, 다음과 같이 구성되어 있다.

상부 로트와 하부 플라스크는 모두 유리로 되어 있으므로 취급할 때에는 항상 주의를 기울인다.

상부 로트에는 여과 필터를 끼워서 사용하는데, 사진과 같은 종이를 끼워 사용하는 플라스틱 필터와 융 필터 모두 사용 가능하다.

물을 끓이기 위해서는 알코올 램프, 할로겐 램프, 가스 등을 사용한다.

사용하는 원두는 일반적으로 시티 로스팅 이상의 것을 사용하며, 분쇄 입도는 약 0.5mm 정도로 핸드 드립에 비해서 약간은 가늘게 한다.

개인적인 입맛에 따라 차이는 있겠지만, 보편적으로 핸드 드립 방식에 비해서 맛은 덜하다고들 한다. 여과가 아니라 우려내기 방식이기 때문일 것이다.

▶ 여과 필터

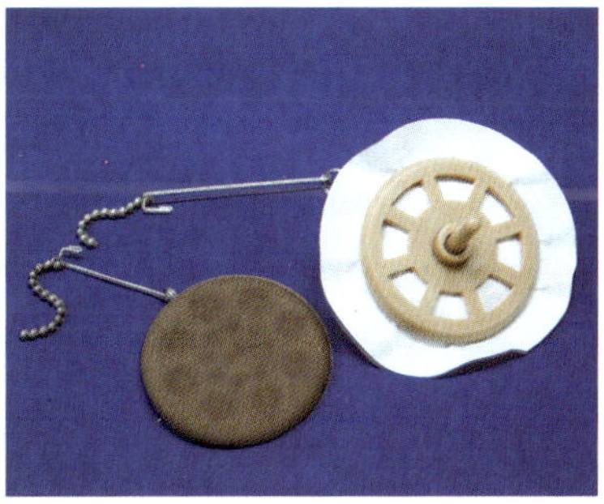

오른쪽은 종이를 끼워 사용하는 플라스틱 필터, 왼쪽은 융 필터

▶ 사이펀

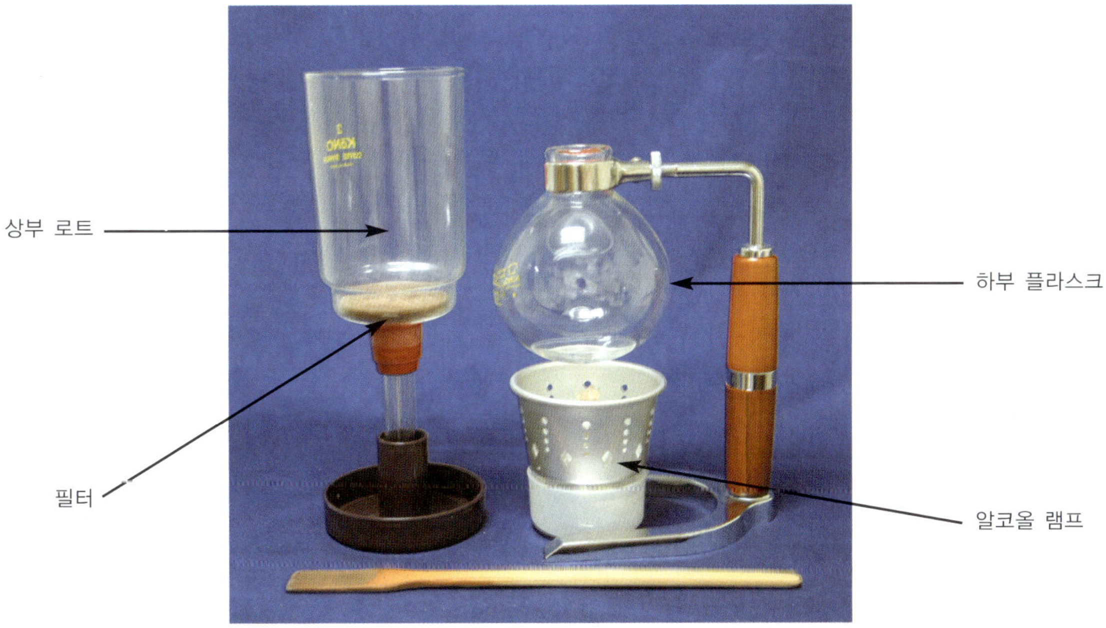

(2) 추출 방법

약 12g의 원두를 이용하여 150mL(한 잔 분량)의 커피를 추출해 보기로 하자.

① 하부 플라스크에 뜨거운 물을 넣고 가열한다. 차가운 물을 넣고 사용할 경우 물을 끓이는 데 오랜 시간이 걸리기 때문이다. 150mL의 커피를 추출하기 위해서는 180mL 정도의 물이 필요하다.

| 주의 | 플라스크에 물기가 있으면 반드시 닦은 후 사용한다. 물기가 있는 상태로 가열하면 터질 수 있다.

② 커피를 분쇄한다.

③ 필터에 여과지를 끼운 후 돌려 두 개의 필터를 단단히 고정한다.

④ 여과 필터를 상부 로트에 끼우고, 밑에 달려 있는 홀더를 관에 걸어서 고정한다.

⑤ 로트를 플라스크에 살짝 걸쳐 놓는다. 예열의 효과가 있다.

⑥ 물이 끓으면 로트에 분쇄한 커피를 넣은 후 평평하게 되도록 살짝 쳐 준다.

⑦ 불을 절반 정도 줄이고 로트를 삽입한다.

⑧ 스틱을 로트 가장 자리에 꽂아 준다.

1

하부 플라스크에 뜨거운 물을 넣고 가열하기

3

4

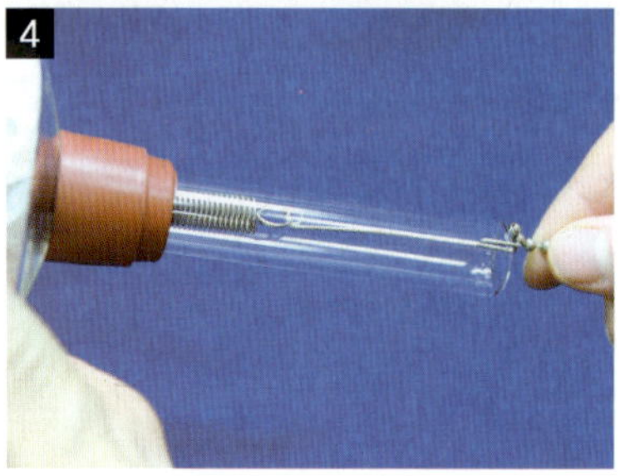

5

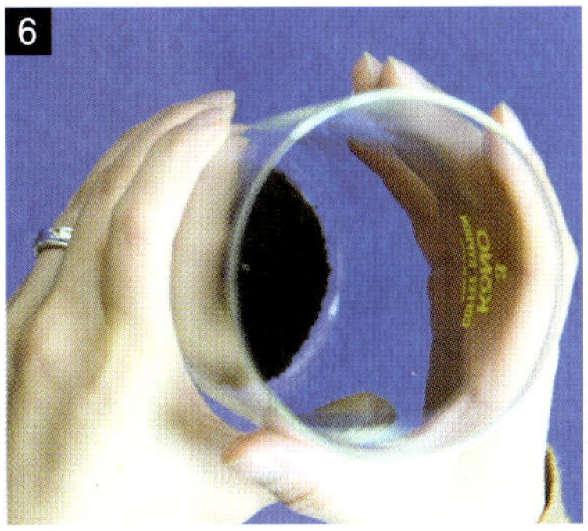

⑨ 플라스크의 물이 로트로 다 올라오면 스틱을 10회 정도 저어 준다.

⑩ 스틱 회전 후 25~30초가 경과하면 불을 끄고 다시 스틱을 10회 정도 저어 준다.

⑪ 커피가 하부 플라스크에 내려오면 로트를 뺀다.

⑫ 하부 플라스크에 있는 추출액을 잔에 붓는다. 핸드 드립의 경우 추출하는 물의 온도를 강제적으로 내렸으나, 사이펀은 그런 과정이 없으므로 커피의 온도가 더 높다.

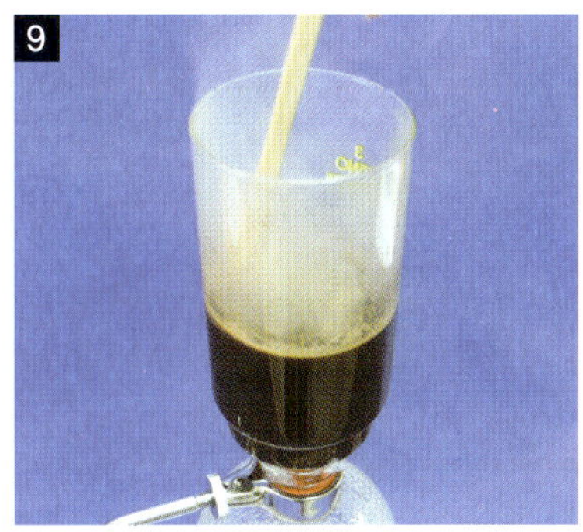

3) 모카 포트

▶ 모카 포트

이탈리안 스토브 톱(Italian-Stove-Top)이라고도 부르는데, 추출되는 원리는 증기압에 의해서이다.

이탈리아를 여행하면서 대부분의 가정 주방에 모카 포트가 있는 것을 발견하고 '대중적인 기구다'라고 생각했었다. 물론 판매하고 있는 곳도 주방용품 매장인데, 크기, 모양과 디자인, 재질 등이 정말 다양하다.

그런데 재미있는 사실은 이탈리아 가정에서는 모카 포트를 전혀 닦지 않고 사용하는 것이 관습처럼 되어 있다는 것이다. 다시 말해, 추출한 후에 전혀 닦지 않고 재사용(再使用)을 거듭한다는 얘기다. 닦게 되면 커피가 맛이 없어지기 때문이라고 하는데, 어떻게 해서 나온 얘기인지는 알 수 없으나 어이없을 정도로 잘못된 논리이다. 커피 내의 지방 성분이 기구 내에 흡착하여 산패하면 커피 맛에 악영향을 주기 때문이다. 또한 필터와 필터 바스켓에는 작은 구멍들이 많이 있는데, 세심하게 세척하지 않으면 커피 가루가 끼어 추출이 어려워진다. 어떤 기구든지 사용 후에는 다음 추출을 위해 청결한 상태를 유지하는 것이 중요하다.

(1) 기구 특징

기구를 살펴보면 다음과 같이 세 부분으로 이루어져 있다.

하단 포트에 있는 물을 가열하면 수증기가 생기고, 이 수증기의 힘에 의해 물이 필터 바스켓의 관을 따라 위로 올라가게 된다. 한편 바스켓에 담겨 있는 커피 가루는 물이 끓으면서 찐 상태가 된다. 관을 타고 올라간 물이 쪄져 있는 커피 가루를 통과하면서 커피 성분이 추출되고 추출액은 상단 포트 추출구를 통해 나오게 되는 원리이다.

일반적으로 풀시티 이상 강하게 로스팅된 원두를 사용하는데, 1잔 즉 30mL의 커피를 위해서는 약 7~8g의 원두가 사용된다.

(2) 추출 방법

지금부터 30mL, 1잔의 커피를 위해 7~8g의 원두를 이용하여 추출해 보기로 한다. 30mL의 추출액을 위해서는 일반적으로 45mL의 물이 필요하다.

① 하단 포트에 물을 붓는다. 하단 포트에는 압력 밸브라고 하는 것이 있는데, 물은 압력 밸브보다는 적게 부어야 한다.

② 필터 바스켓에 분량의 분쇄한 커피를 담고 스푼을 이용하여 살짝 눌러준다. 평평하지 않을 경우 수증기 압력으로 물이 올라올 때 균일하게 커피 가루층을 통과하지 못하기 때문이다.

③ 상단 포트를 뒤집어서 고무 패킹과 필터가 제대로 장착되어 있는지 확인한다.

④ 상단 포트와 하단 포트를 잘 돌려서 단단하게 고정한다. 최근에는 모카포트 전용 여과지를 사용하기도 하는데, 사용하게 되면 추출액이 좀더 부드러워진다. 여과지는 필터 바스켓 위에 올려놓는다.

1

2

3

4
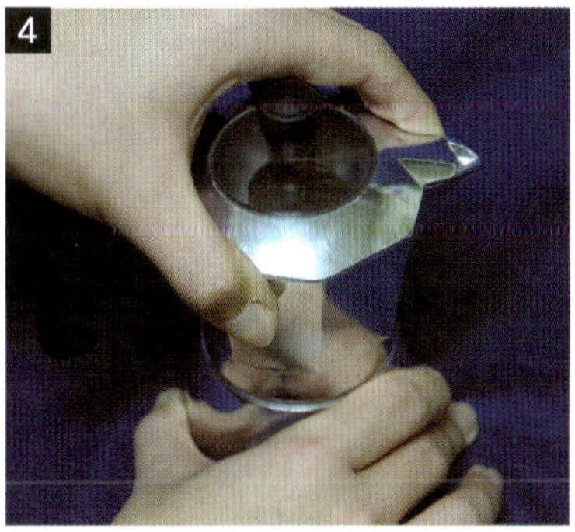

⑤ 약불을 이용하여 약 2~3분 정도 끓여 준다. 모카 포트를 불 위에 직접 올려놓지 않고, 전용 삼발이를 불 위에 올려놓은 후 그 위에 모카 포트를 올려놓기도 한다.

⑥ 추출이 시작되면 '픽픽' 하는 소리가 나는데, 단시간에 추출이 이루어지므로 주의한다. 추출구를 통해 분출되다시피 추출되므로, 추출되는 동안 상단 포트 뚜껑을 닫아 두어야 한다. 추출 종료 후에도 계속 불 위에 올려놓으면 고무 패킹이 녹아 기구 전체를 못쓰게 되는 경우가 종종 있으니 주의하자.

⑦ '치익' 하는 소리가 나면 추출이 종료된 것이다. 불을 끄고 추출된 커피를 잔에 따른다. 증기압을 이용하기는 방식이기는 하나 크레마를 기대하기는 어렵다.

4) 프렌치 프레스

▶ 프렌치 프레스

프렌치 프레스는 다양한 용도로 사용된다. 커피를 추출하기도 하지만 차(茶)를 우려 마실 때, 가정에서 카푸치노를 만들기 위해 우유 거품을 낼 때도 사용된다. 커피 추출시 비교적 간단하게 사용할 수 있으나, 청소가 불편하고 커피 성분이 충분히 우러나지 않는다는 단점이 있다.

티 메이커(Tea-Maker), 플런저(Plunger), 멜리오르(Melior) 등의 다양한 이름을 가지고 있는데, 프랑스 보덤(Bodum)사가 크게 유행시켜, 현재는 프렌치 프레스(French Press)라는 명칭이 보편적이다.

(1) 기구 특징

구성은 유리로 된 용기와 피스톤이 달린 뚜껑의 두 부분으로 매우 간단하다. 유리 용기에 분쇄한 커피를 넣고 뜨거운 물을 붓는다. 일정 시간이 경과하면 커피 성분이 녹아져 나오게 되는데, 그 때 피스톤으로 눌러 추출액만 분리해 내면 된다.

우려내기 방식과 가압 추출 방식이 혼용된 추출 방법이라고 할 수 있다.

(2) 추출 방법

한 잔의 커피를(약 150mL) 추출하기 위해서는 약 10g의 커피와 200mL의 물이 필요하다.

① 커피를 약 1.0mm 정도로 굵게 분쇄한다.
② 프렌치 프레스의 뚜껑(피스톤 포함)을 빼고 분쇄한 커피를 넣는다.
③ 90~95℃의 물 약 200mL를 붓는다.
④ 커피 가루가 뜨면 수저로 저어 준다.
⑤ 식은 후 약 1분~1분 30초 정도 기다린 다음 피스톤을 누른다.
⑥ 추출액을 예열한 잔에 붓는다. 커피 찌꺼기를 감안하여 약 150mL 정도만 따르도록 한다.

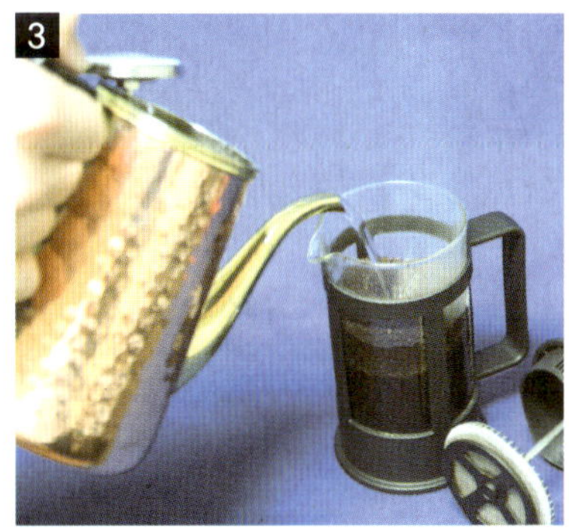

Tip ▶ 그 외의 기구들

▶ 터키식

▶ 베트남 커피 기구 '핀'

▶ 워터 드립(water drip)

▶ 아이스커피 추출기(칼리타)

▶ 피콜레이터(대형)

▶ 모카포트

MEMO

5

추출 – 에스프레소 (Espresso)

1. 에스프레소 커피에 관하여
2. 에스프레소의 4대 조건
3. 에스프레소를 이용한 다양한 메뉴들
4. 우유 거품내기
5. 라떼 아트의 기초
6. 모양에 따른 잔의 포인트
7. 나뭇잎과 하트 그리기

서울 삼청동 「Beans Bins」

about coffee

1. 에스프레소 커피에 관하여

에스프레소는 이탈리아어로 '빠르게'라는 뜻을 지니고 있다.

에스프레소 기계를 통하여 추출된 커피를 말하며, 이것은 커피의 종류나 블렌딩, 볶는 온도 등에 의해서 결정되는 것이 아닌 '추출 메커니즘'에 의해서 결정되는 것이다. 즉 6~7g의 커피를 20~30초 동안 적당한 압력(7~9bar)과 적당한 온도(88~95℃)로 추출한 커피를 '에스프레소'라 부른다

▶ 에스프레소

혀에서 느껴지는 촉감과 향은 다른 커피와는 분명하게 다르다. 그러면서도 카페인의 함유량은 매우 낮으며, 에스프레소 잔에 20~35mL, 두께 3~4mm의 크림 거품이 표면에 남김없이 펼쳐진다. 마시면 농후한 맛이 있고 초콜릿을 연상시키는 지속성이 있는 향이 있으며, 쓴맛과 신맛의 균형이 좋아 여운 있는 뒷맛이 20분 이상 지속된다.

에스프레소는 이탈리가 원산지로, 빠른 속도로 전파되어 유럽 내의 모든 라틴 국가들에서도 잘 알려진 상품이 되었다. 이미 다른 국가들의 시장에서도 최고의 인기를 얻게 되었고, 이탈리아 문명의 대명사가 되어 버렸으며, 그 특성 또한 세계의 이목을 집중시키고 있다. 에스프레소의 성공은 커피를 준비하는 과정의 즐거움과 전문성에 관한 흥미로움 때문일 것이다.

about coffee

2. 에스프레소의 4대 조건

에스프레소 맛을 결정하는 4가지 조건은 이탈리아어로 시작되는 첫 글자를 따서 '4M'이라 부른다.

1) 블렌딩(Miscela)

첫째는 블렌딩이다. 조화로운 맛과 풍부한 향, 감칠맛 등을 얻기 위해 여러 나라에서 재배된 커피를 혼합하는 공정을 말하며, 이것은 에스프레소의 맛을 결정하는 가장 중요한 요소이다.

2) 그라인더(Macinadosatori)

(1) 그라인더 작동

둘째는 그라인더이다. 그라인더에 의해 분쇄되는 원두 입도와 투입량에 따라 맛의 변화가 일어난다. 종종 바리스타들이 그라인더를 소홀히 하는 실수를 저지른다. 원두는 시간 경과에 따라 변화가 일어나므로 그라인더에 대한 이해가 매우 중요하다는 사실을 다시 한 번 기억하자.

그라인더가 용량 이상으로 작동되고 있는 것을 흔히 볼 수 있는데, 그렇게 되면 칼날이 마모되고 모터가 과열되어 커피의 질이 저하된다. 따라서 그라인더 날의 수명은 일반적으로 사용하는 64mm 평면 날을 기준으로 커피 400~500kg을 분쇄했을 때 교환해 주는 것이 바람직하다.

순 서	내 용
1. 그라인더 원두통 투입구 오픈	원두통(Coffee beans hopper)에 원두를 넣은 다음 투입구(Hopper closing hatch)를 오픈한다. 원두가 없는 상태에서 작동을 하게 되면 모터가 공회전을 하므로 그라인더의 마모를 가져올 수 있다.
2. 입자 크기 조절	적당한 간격으로 입자 조절기(Blade adjusting ring)를 돌린다. 일반적으로 시계 방향으로 돌리면 입자가 가늘어지고, 시계 반대 방향은 입자가 커진다.
3. 스위치 작동	입자 조절기를 돌린 다음, 스위치를 작동하여 원두를 분쇄한다.
4. 원두의 분쇄	스위치가 작동되면 원두가 분쇄되는데, 이 때 한 티스푼 정도의 양만 분쇄하고 전원을 바로 끊다.
5. 입자 확인	손으로 입자를 확인한다. 반복적인 훈련을 통해 분쇄 입자를 숙지하고 있어야 적은 양으로도 빠르게 입자를 조절할 수가 있다.
6. 분쇄 입자가 틀릴 경우	분쇄된 입자가 틀릴 경우는 2~5 과정을 다시 반복하면서 조절한다. 이 때 모든 그라인더는 2잔 분량이 미리 갈려져 있기 때문에 2잔 정도의 양을 갈아 내고 그 다음 입자를 확인해야 정확히 알 수 있다.
7. 계량하기	어느 정도 입자 조절이 끝나면 원하는 양을 전자 저울을 이용해 계량한다. 계량할 때는 도저(Dose)에 많은 양을 분쇄하지 말고 도징 레버(Dosing lever)를 여러 번 당겨 다른 용기에 담은 다음 계량한다. 이 때는 2잔용 필터 홀더(Two-cup filter holder)로 테스트를 하는 것이 좋다.

8. 포터 필터에 담기	계량한 커피를 2잔용 필터 홀더에 담고 탬핑한다.
9. 추출	필터 홀더를 그룹에 신속히 장착을 하고 시험 추출한다. 이 때 먼저 원하는 시간과 원하는 양을 결정하고 추출하는 것이 바람직하다.
10. 추출이 잘 안 될 경우	시험 추출이 잘 안 될 경우는 2~9까지의 과정을 다시 되풀이하여 원하는 결과를 얻어 낸다.
11. 도저(Dose)	추출이 잘 이루어지면 도저에 커피를 많이 분쇄하고 도저 조절핀(Dose adjusting pin)을 돌려 양을 조절한다. 도저 조절핀은, 시계 방향으로 돌리면 양이 줄어들고 시계 반대 방향으로 돌리면 양이 늘어난다.

(2) 그라인더 청소 방법

원두에는 오일 성분이 많다. 따라서 원두통(Coffee beans hopper)이나 도저(Dose)에 오일이 낄 수 있으므로, 청소를 잘 해 주어야 맛있는 커피를 추출할 수 있다.

먼저 원두통이다.

원두통은 원두를 보관하는 곳이므로 오일에 가장 먼저 노출된다. 따라서 1주일에 1회 이상 세제를 이용해서 잘 닦아 주는 것이 좋다.

다음은 분쇄한 커피를 보관하는 도저이다. 필터 홀더(filter holder)로 바로 이어지므로 청결을 유지하는 것은 매우 중요하다.

도저 칸막이는 1칸이 1잔, 즉 분쇄 원두 6~7g이 계량되는데, 찌꺼기가 쌓일수록 그 양은 줄어들고 추출 속도는 빨라지게 된다. 바리스타가 이러한 사항을 숙지하고 있지 않을 경우, 분쇄 입도만 계속 곱게 갈기 때문에 커피 맛이 떨어지게 된다. 또한 도저 칸막이도 에스프레소 맛에 결정적인 영향을 주므로, 1주일에 1회 이상 청소해 주는 것이 좋다.

한편 도저 케이스(Dose case)는 맛에도 영향을 미치지만 시각적으로 지저분하게 보이므로 깨끗하게 유지해야 한다.

분쇄 날은 원두를 커팅하는 부분이므로 부드러운 솔로 청소를 해야 하며, 흠이 생기지 않도록 주의한다. 찌꺼기가 많이 쌓이면 분쇄시 같이 갈려 나올 수 있기 때문이다.

▶ 원두통(Coffee beans hopper)

▶ 도저(Dose)

▶ 도저 케이스(Dose case)

▶ 분쇄 날 청소

3) 커피 기계(Macchina)

커피 기계는 다음과 같이 분류할 수 있다.

- 전통적인 에스프레소 기계(레버 방식의 에스프레소 기계)
- 반자동 에스프레소 기계(Semi Automatic Espresso Machine)
- 자동 에스프레소 기계(Automatic Espresso Machine)
- 전자동 에스프레소 기계(Super Automatic Espresso Machine)

▶ 커피 기계의 각 명칭

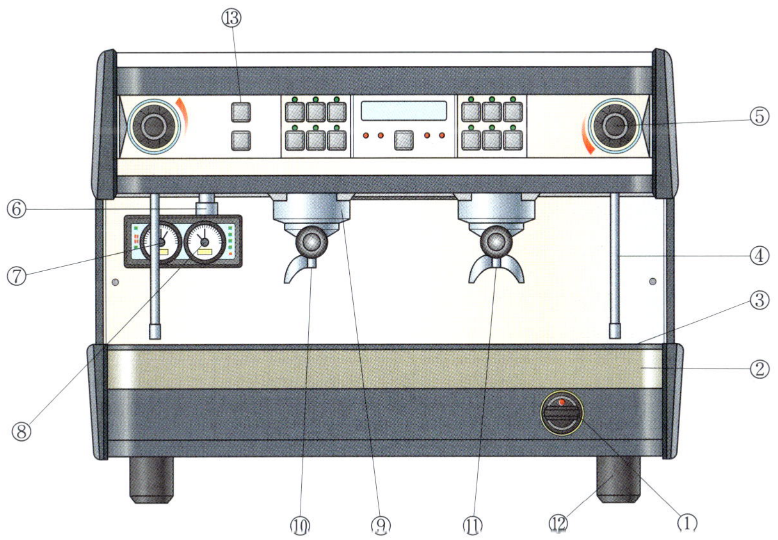

① Main switch
② Drip tray
③ Drip tray grill
④ Steam pipe
⑤ Steam valve
⑥ Hot water dispenser
⑦ Water pressure manometer
⑧ Boiler pressure manometer
⑨ Dispensing group head
⑩ One-cup filter holder
⑪ Two-cup filter holder
⑫ Adjustable foot
⑬ Hotwater dispensing buttons

에스프레소 기계는 다음과 같이 관리한다.

(1) 연수기 및 정수기

연수기는 경수(센물, 미네랄 성분이 다량 함유되어 있는 지하수, 바닷가 근처의 물 등)를 연수로 만들어 주는 기능을 한다. 경수를 사용하면 커피 맛도 저하되고 커피 기계 보일러에 스케일이 생성되어 열전도율이 떨어지게 되며 급수 배관도 부식된다. 따라서 경수일 경우에는 반드시 연수기를 사용하도록 한다. 일반적으로 많이 사용하는 8L용 연수기를 15℃ 이하의 수돗물에서 사용할 경우 청소 시기는 1,500L 정도 사용했을 때이며, 천연 소금으로 청소를 해 주는 것이 좋다.

▶ 언수기 및 정수기

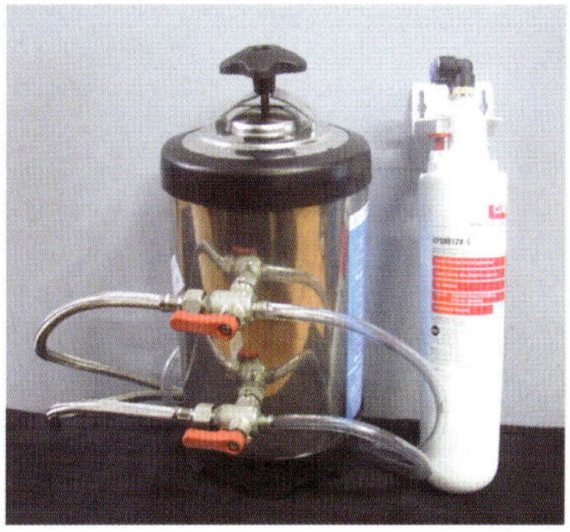

 정수기는 물에 함유되어 있는 이물질이나 소독약 냄새 제거, 살균 등의 효과가 있다. 좋은 정수기를 사용해야 양질의 에스프레소를 얻을 수가 있으므로, 각 필터에 표기되어 있는 양을 사용했을 때 즉시 새것으로 교환하도록 한다.

▶ 전동 펌프

(2) 전동 펌프의 압력 조절

전동 펌프는 물을 에스프레소 추출 가능한 7~9bar의 압력으로 높여 주는 역할을 한다. 펌프 헤드는 일반적으로 오른쪽에 있는 나사를 시계 방향으로 돌리면 압력이 늘어나고, 시계 반대 방향으로 돌리면 압력이 줄어든다.

이 때 압력은 압력 게이지를 보면서 기계를 작동시켜 놓은 상태에서 조절해야 단시간에 정확히 조절할 수 있다.

▶ 게이지

(3) 게이지 확인 방법

0~15까지의 숫자로 구성된 것은 펌프 모터 압력 게이지이다. 에스프레소 추출 시 펌프 모터에 가해지는 압력을 표시하는데 기계가 작동할 때 표시되는 수치가 정확한 수치이다.

0~3까지의 숫자로 구성된 것은 보일러 압력 게이지이다. 보일러에서 생성된 스팀 압력을 표시하며 기계가 가동된 상태에서는 1~1.5bar를 항상 유지하고 있어야 한다.

▶ 스팀 노즐

(4) 스팀 노즐 관리

스팀 노즐은 우유를 스팀한 후 밸브를 열어 주고 나서 닦는 것이 바람직하다. 스팀 파이프 안쪽에 우유 찌꺼기가 쌓여 굳으면 악취가 날 수 있으므로, 일주일에 한 번 정도는 풀어서 청소하도록 하자.

(5) 필터 홀더(filter holder) 관리

필터 홀더는 에스프레소를 최종적으로 만드는 곳이다. 따라서 온도가 내려가지 않도록 뜨겁게 유지하는 것이 중요하므로, 항상 그룹에 결합된 상태에서 대기시킨다.

▶ 필터 홀더

다음은 필터 홀더 청소 방법이다.

① 필터 홀더 일일 청소 : 필터 홀더를 분리해서 부드러운 수세미로 닦아 준다.

② 세제를 이용한 필터 홀더 청소 : 필터 홀더는 에스프레소를 최종적으로 만드는 곳이므로 항상 청결히 유지해야 한다. 더운 물에 세제를 희석한 다음 필터 홀더를 넣어 두었다가 일정 시간 경과 후 물로 깨끗이 씻어 준다. 보통 주 1회 정도 하는 것이 바람직하다.

③ 1잔 필터와 2잔 필터 : 1잔 필터와 2잔 필터는 추출시 같은 맛이 나올

수 없다. 왜냐 하면, 1잔 필터는 분쇄 원두 7g, 2잔은 14g이 투입되는데, 가해지는 압력은 7~9bar로 동일하기 때문이다. 해결할 수 있는 방법은 오로지 온도로 2잔 필터보다 1잔 필터의 온도를 5℃ 정도 높이면 맛이 비슷해진다. 한편 필터는 구멍이 커지면 추출이 제대로 이루어지지 않을 수 있으므로 1년 정도 사용 후 교환하도록 한다.

1

④ 필터 홀더 고정 링 : 포터 필터 고정 링은 1잔 또는 2잔 필터를 고정시키는 역할을 한다. 필터가 잘 빠질 경우에는 링을 약간 구부려서 끼운다.

2

3

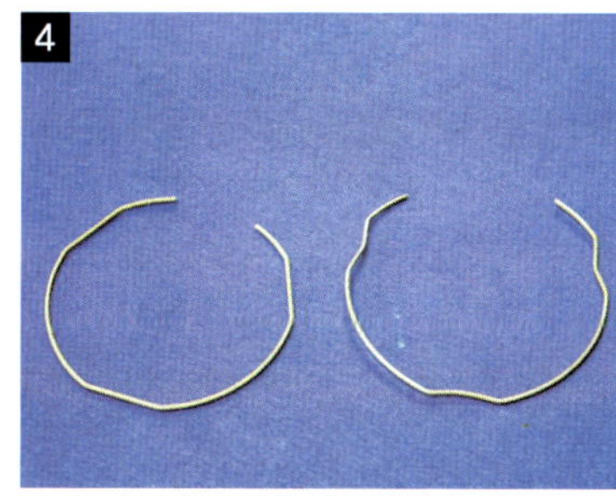
4

⑤ 일일 그룹 청소하기 : 필터 홀더에 청소용 필터를 결합하고 연속 추출 버튼을 자동시킨 다음 결합했다 빼는 것을 반복한다. 펌프 압에 의해 물이 그룹 위로 올라가 샤워 필터 주위와 그룹 오링이 청소된다. 이 동작을 10회 반복하고 나서 약 5초 정도 필터 홀더를 결합한 상태에서 대기 후 작동을 멈춘다. 그러면 솔레노이드 밸브 배수 쪽에 연결된 관도 압에 의해 청소가 된다. 모든 과정 종료 후 마른 행주로 샤워 필터와 주위를 깨끗이 닦아 준다.

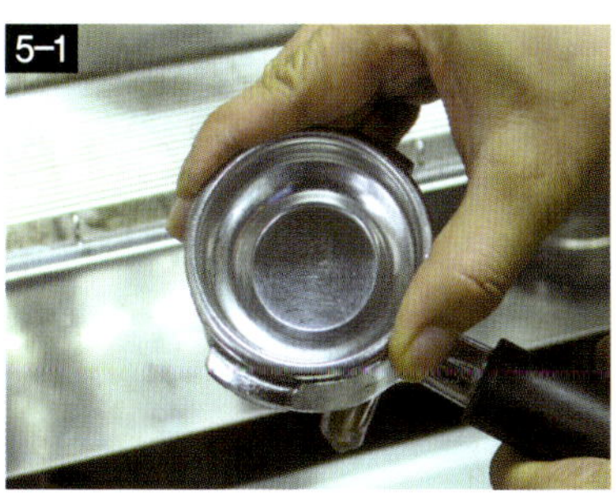
5-1

5-2

5-3

⑥ 필터 홀더에 세제 담고 청소하기 : 필터 홀더에 세제 1스푼을 담고 그룹에 결합한다. 연속 추출 버튼을 누른 후 약 3~5초 경과되면 작동을 종료한다. 세제가 녹으면서 그룹에 있는 찌꺼기를 녹여 배수로 떨어지게 하는데, 그 결과 그룹과 솔레노이드, 그 뒤의 관까지 청소가 가능해

진다. 이 상태에서 일정 시간 경과 후 출구 쪽에서 세제가 떨어지는 것이 보이지 않게 되면 다시 추출 버튼을 2초 간 작동시켜 물을 공급한다. 이 과정을 연속적으로 반복한다. 출구에서 떨어지는 세제의 색깔이 하얗게 변하면 그룹에 있는 찌꺼기가 모두 제거된 것이다. 그 다음 일일 그룹 청소 방법을 반복해 주면 청소가 끝난다. 그룹, 솔레노이드 밸브, 출구관까지 청소할 수 있으나 장시간이 소요된다는 단점도 있다. 1주일에 1회 정도 실시하는 것이 좋다.

⑦ 그룹 분해 세제 청소하기 : 샤워 필터 고정 나사가 잘 분리되지 않을 경우, 망치로 2~3회 약하게 두드린 후 분리하도록 한다. 샤워 필터는 1주일에 1회 이상 청소하면 잘 분리된다. 그룹은 뜨거운 물에 세제를 희석한 다음 샤워 필터와 고정 뭉치를 넣어 두었다가 청소한다. 1주일에 1회 실시하는 것이 바람직하다.

⑧ 그룹 오링 교환 : 추출시 물이 새거나 포터 필터 장착시 그룹 오링에 탄력이 없다면 즉시 교환한다. 교환 시기가 너무 늦어지면 잘 빠지지 않아서 어려움을 겪을 수 있기 때문이다.

그룹 오링은 추출시 압이 새는 것을 막아 정상적인 에스프레소를 추출할 수 있도록 만들어 주므로, 바리스타는 완전히 망가지기 전에 교환할 수 있도록 항상 체크해야 한다.

⑨ 보일러 : 구리는 열전도율이 좋기 때문에 보일러에 많이 사용되나 공기와의 접촉을 통해 부식과 곰팡이가 생길 수 있다는 단점이 있다. 따라서 구리로 된 보일러는 24시간 기계를 가동하는 편이 안전하다. 단 24시간 가동시에는 안전에 문제가 생기지 않도록 전기와 수도를 항상 점검하도록 한다.

9-1

9-2

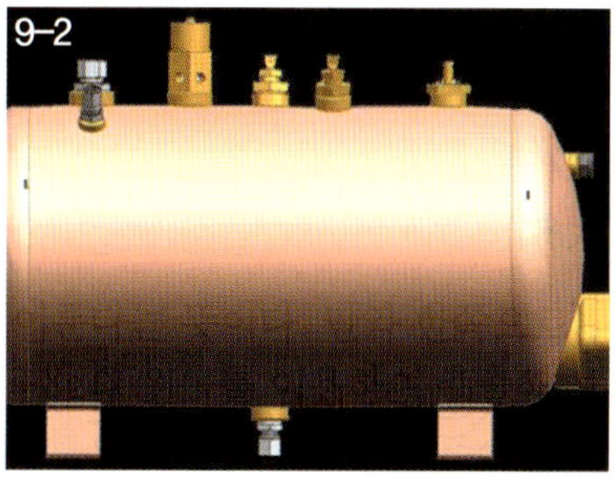

구리 보일러의 문제점을 개선하기 위해서는 크롬으로 도금 처리하면 부식과 곰팡이로부터 안전해진다.

4) 바리스타의 '손'(Mano)

이탈리아어 'Mano'는 손이라는 뜻으로, 바리스타의 능력을 의미한다. 바리스타가 사용하고자 하는 재료와 기계에 대해 올바르게 숙지해야 원하는 맛의 에스프레소를 추출할 수 있다.

(1) 에스프레소의 종류

에스프레소는 리스트레토, 에스프레소, 룽고, 도피오로 나누어진다. 리스트레토는 추출액이 20~25mL, 에스프레소는 30~35mL, 룽고는 40~

▶ 리스트레토

▶ 에스프레소

▶ 룽고

45mL 정도이며, 도피오는 각 커피의 더블을 의미한다.

바리스타가 사용하고자 하는 잔과 농도에 따라 에스프레소 종류를 선택하면 되는데, 에스프레소는 모든 메뉴의 기본이므로 많은 훈련이 필요하다.

(2) 크레마(crema)

크레마는 에스프레소 머신이 추출시 약 3~5초 정도 순간적으로 커피를 우려내고(infusion) 난 후 7~9bar의 압력으로 밀어 낸 결과 생기는 황금색, 갈색의 크림이다.

곱게 간 원두에서 나오는 아교질과 섬세한 오일의 결합체로, 고운 입자들이 쉽게 침전되지 않고 커피 액 위에 떠 있는 상태라 할 수 있다.

커피의 숙성, 신선도, 커피의 양, 분쇄 정도, 탬핑, 물의 양, 온도, 추출 시간, 추출 압력, 블렌딩, 로스팅에 따라 차이가 있을 수 있다.

크레마는 단열층의 역할을 하여 커피가 빨리 식는 것을 막아 주고, 향을 함유하는 지방 성분이 많아 보다 풍부하고 강한 커피 향을 느낄 수 있게 해 준다. 또한 그 자체가 부드럽고 상쾌한 맛, 단맛 등을 지니고 있어, 에스프레소에 있어서 매우 중요한 요소이다.

크레마가 많다고 해서 좋은 품질의 에스프레소라고 할 수는 없으나, 적거나 없는 경우 오래 된 에스프레소일 가능성이 크다.

한편 크레마를 육안으로 식별할 수 있는 능력이 필요하다. 색은 로스팅, 품종(아라비카, 로부스타)에 따라 차이가 있다. 중배전의 경우는 황금색을 띠고, 강배전의 경우는 약간의 적색을 띠게 된다. 아라비카를 많이 사용하면 옅은 황금색으로 양이 적으며, 로부스타를 많이 사용하면 진한 황금색을 띠고 양이 많아진다.

일반적으로 3~4mm 정도의 크레마가 있어야 잘 추출된 에스프레소라 할 수 있다.

한편 로스팅 종료 후 시간에 따른 커피 품질의 변화를 알아야 제대로 된 크레마를 얻을 수 있다.

숙성이 되지 않으면 크레마가 많이 나오는 것처럼 보인다. 그러나 실제로는 가스로 인해 우려내기가 제대로 이루어지지 않고, 크레마보다 가스가 많이 나와 금방 사라진다.

(3) 탬핑(tamping)

탬핑이란 필터 홀더에 담겨진 분쇄 커피를 다지는 행위이다.

탬핑의 강도에 따라 물의 투과 시간을 다르게 할 수 있는데, 약하게 하면 빨리 투과되고 세게 하면 천천히 투과되어 더 진한 맛을 추출할 수 있다.

탬핑의 세기는 자기 몸에 맞게 하는 것이 가장 바람직하다.

한편 투입량과 분쇄 입자 크기에 따라 탬핑의 세기가 달라질 수 있는데, 투입량이 적거나 입자가 클 경우는 강한 탬핑이 유리하다.

① 탬퍼의 종류

탬핑을 하기 위해서는 탬퍼가 필요하다.

▶ 탬퍼의 종류

탬퍼의 종류는 그라인더에 부착되어 있는 탬퍼, 플라스틱 탬퍼, 알루미늄 탬퍼, 스테인리스 탬퍼 등이 있다.

스테인리스 탬퍼는 무게가 있기 때문에 적은 힘으로 탬핑을 할 수 있고, 플라스틱 탬퍼나 알루미늄 탬퍼는 스스로가 자기 탬핑하는 힘을 조절하며 사용할 수 있다는 장점이 있다.

바리스타는 많은 에스프레소 추출을 통해 자기만의 탬퍼를 선택하는 것이 매우 중요하다.

② 탬핑과 태핑

탬핑하는 방법은 아래의 사진과 같다.

▶ 탬핑 방법

첫 번째 탬핑은 살짝 다져 주는 정도로 약 2~3kg의 힘으로 한다.

항상 청결하게 보관된 것을 사용하고, 탬핑시 필터 홀더에서 커피가 떨어지는 부분은 지저분한 곳에 닿지 않도록 주의한다.

탬핑이 끝나면 태핑(tapping)을 하는데, 이는 필터 홀더 내벽에 붙어 있는 커피 가루를 떨어뜨리기 위함이다.

태핑의 세기는, 너무 약하면 가루가 떨어지지 않고, 너무 강하면 커피 표면에 균열이 일어나므로, 가루가 떨어질 정도로만 해 주어야 한다.

▶ 태핑하기

두 번째 탬핑은 자기 몸에 맞는 힘으로 누른다. 이 때 주의할 점은 수평이 되도록 탬핑을 해야 한다는 것이다. 수평이 유지되지 못할 경우 잡맛이 강한 에스프레소가 추출되는데, 기울기가 내려간 쪽에서 과다 추출이 일어나기 때문이다.

Tip ▶ 돌려서 탬핑하기

탬핑시 돌려서 탬핑하는 경우가 있는데, 그렇게 되면 힘이 더 가해진다는 장점이 있다. 그러나 과도하게 돌리면 커피 표면에 막이 형성되어 오히려 물 투과가 힘들어지고 추출에 방해될 수 있으므로 과도하게 돌리는 것은 피하도록 한다.

다음은 잘못된 탬핑 및 태핑에 대해 알아보자.

1. 탬퍼는 항상 깨끗한 곳에 보관해야 하는데, 테이블 위에 그대로 놓아 두면 지저분한 찌꺼기들이 그대로 분쇄 커피에 담겨져 같이 추출될 수 있다.
2. 추출구는 항상 깨끗한 곳에 놓아야 한다. 아래와 같이 행주로 닦는 테이블 위에 직접 올려놓고 탬핑하면 위생상 바람직하지 못하다.

1

잘못된 탬퍼의 보관

2

잘못된 탬핑-청결 유지가 올바르게 되지 않은 상태

3. 아래의 사진은 위생에는 문제가 없으나 바리스타가 손을 다칠 염려가 있다. 탬핑시에는 강한 힘이 가해지므로, 조금이라도 기울면 미끄러져서 손을 다칠 수 있다.
4. 아래의 사진은 태핑시 너무 강한 힘을 가하여 분쇄 원두 표면에 균열이 일어난 것이다. 따라서 균열이 생기지 않도록 태핑시 주의를 기울인다.

3

잘못된 탬핑-안전하지 못한 자세

4

잘못된 태핑-너무 강한 힘을 가했을 경우

5. 필터 홀더의 재질은 구리이고 탬퍼는 스테인리스이므로, 아래의 사진처럼 태핑을 하면 포터 필터가 파손이 될 수 있다. 따라서 항상 포터 필터보다 약한 재질로 태핑해야 한다.
6. 태핑시 필터 부분을 치면 필터에 흠이 생길 수 있다. 흠이 생기면 필터 홀더를 그룹에 장착했을 때 완전히 밀폐되지 않아 압이 샐 수가 있으므로, 필터 부분을 치는 일은 삼가는 것이 좋다.
7. 옆면에 뛰어나온 부분은 그룹에 장착시 필터 홀더를 고정하는 역할을 한다. 그런데 반복적으로 이 부분을 치면 흠이 생겨 완전히 고정되지 않을 수 있으므로 주의해야 한다.

8. 아래의 방법이 잘못되지는 않았으나 태핑을 '왜 하는가'에 대한 이유를 찾기는 힘들다.
바리스타는 올바른 탬퍼 보관과 탬핑 및 태핑으로 커피를 추출할 수 있도록 많은 훈련을 해야 한다.

▶ 잘못된 태핑

③ 탬퍼를 쥐는 방법

▶ 올바른 탬퍼 쥐기

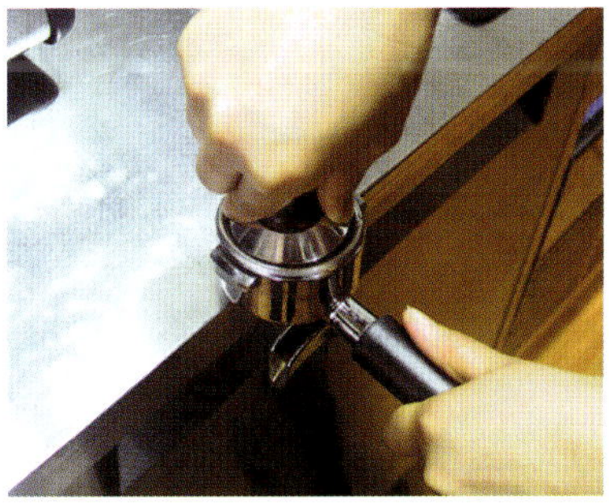

탬퍼를 잡는 방법은 각자가 편하게 잡는 것이 좋은데, 일반적으로 엄지와 검지손가락으로 탬퍼를 잡고 누르게 되면 손목에 무리 없이 어깨 힘으로 강한 탬핑을 할 수 있다.

▶ 바르지 않은 탬핑 방법

위와 같이 손목의 힘으로 탬핑하게 되면 손목에 많은 무리가 갈 수 있으므로 주의해야 한다.

about coffee

3. 에스프레소를 이용한 다양한 메뉴들

1) 따뜻한 메뉴(Hot Variation)

(1) 에스프레소(Espresso)

25~30mL 정도 추출하며, 에스프레소 잔에 제공된다.

(2) 도피오(Doppio)

2잔의 에스프레소(50~60mL)를 에스프레소 잔에 제공한다. 더블 에스프레소라고도 불리며, 리스트레토와 룽고, 도피오도 가능하다.

(3) 리스트레토(Ristretto)

짧게 추출한 에스프레소(20~25mL)를 에스프레소 잔에 제공한다.

1

2

3

Tip ▶ 에스프레소를 맛있게 먹는 방법

① 에스프레소에 데운 우유 20mL정도와 설탕 5g 정도를 같이 넣어 저어서 먹는다.
② 에스프레소에 설탕 5g 정도를 넣어 저어서 먹는다.
③ 에스프레소에 설탕 5g 정도를 넣고 젓지 말고 진한 에스프레소를 마신 다음 가라앉아 있는 설탕물로 입안의 쓴맛을 제거한다.

④ 에스프레소를 아무것도 첨가하지 않고 그냥 마신 다음 초콜릿을 하나 먹는다.
⑤ 에스프레소를 블랙으로 마신다.

(4) 룽고(Lungo)

길게 추출한 에스프레소(40~45mL)를 에스프레소 잔에 제공한다.

(5) 아메리카노(Americano)

에스프레소를 뜨거운 물에 희석한 커피로, 잔의 크기는 180~200mL 정도의 것을 사용한다.

Tip ▶ 아메리카노의 종류

① 진한 아메리카노 : 룽고 한 잔에 뜨거운 물 희석한 것
② 보통 아메리카노 : 에스프레소에 뜨거운 물 희석한 것
③ 연한 아메리카노 : 리스트레토에 뜨거운 물 희석한 것

(6) 카페 마키아토(Caffe Macchiato)

에스프레소 위에 우유 거품 2~3스푼을 올려 에스프레소 잔에 제공한다. 우유 거품은 에스프레소 잔 가운데에 올리면 된다.

4

5

6

(7) 카페 라테(Caffe Latte)

에스프레소에 데운 우유를 첨가한 커피로, 200~250mL의 잔을 사용한다. 우유의 양은 150~200mL 첨가하며, 데울 때 온도는 65℃±5℃ 정도,

거품은 많이 생기지 않도록 주의한다.

(8) 라테 마키아토(Latte Macchiato)

200~250mL의 유리잔에 먼저 설탕 시럽 15mL를 넣고 65℃±5℃ 정도로 거품 낸 우유를 9부 정도 붓는다. 그 다음 에스프레소 한 잔을 추출하여 우유와 우유 거품이 분리되면 그 위에 에스프레소를 살짝 붓는다. 그렇게 되면 우유와 우유 거품 사이에 에스프레소가 들어가서 띠를 형성하게 된다. 젓지 않고 그냥 마시며, 설탕 시럽 대신 캐러멜이나 딸기 시럽 등 각종 향 시럽을 사용할 수도 있다.

(9) 카푸치노(Cappuccino)

에스프레소와 우유, 우유 거품이 잘 조화된 커피이다. 150~180mL의 잔에 에스프레소와 우유와 우유 거품이 올라간다.

우유를 데우기 전에는 4℃ 정도로 시작해서 공기 주입 단계에서는 35℃, 다 데워진 우유는 65℃±5℃ 정도가 적당하다.

이렇게 만들어진 카푸치노 위에는 시나몬 가루나 초콜릿 가루를 뿌려 즐길 수도 있다.

7

8

9

Tip ▶ 커피 : 우유 : 우유 거품의 비율

① 잔의 높이에 따른 비율 = 1 : 1 : 1
② 양에 따른 비율 = 1 : 2 : 3

(10) 카페콘파냐(Caffe Con Panna)

에스프레소 위에 생크림을 올려 에스프레소 잔에 제공한다.

(11) 카페 비엔나(Caffe Vienna)

카페 아메리카노에 설탕 1스푼을 넣고 그 위에 생크림을 올린 후 레인보우, 원두 2~3알, 아몬드 가루, 땅콩 가루 등으로 장식하면 된다.

(12) 카페 모카(Caffe Mocha)

우유 100mL와 에스프레소 한 잔, 초콜릿 시럽 15mL를 섞어 데운 후 180~200mL의 잔에 붓는다. 그 위에 휘핑 크림을 올리고 초콜릿 시럽과 초콜릿 가루로 장식한다.

우유와 초콜릿 시럽을 하루 전에 섞어 초콜릿 믹스를 만들어 놓으면 숙성이 되어 더 맛있는 카페 모카를 만들 수 있다.

초콜릿 믹스로 카페 모카를 만들 경우, 초콜릿 믹스 120mL를 데운 후 에스프레소 한 잔을 넣고 그 위에 휘핑 크림을 올리고 초콜릿 시럽으로 장식한다.

10

11

12

2) 아이스 메뉴(Iced Variation)

1

(1) 아이스 에스프레소(Iced Espresso)

셰이커(shaker)에 에스프레소 2잔과 큰 얼음을 5개 정도, 설탕 시럽 10~20mL를 넣은 다음 셰이킹한다. 칵테일 글라스(100mL)에 붓고 작은 얼음을 한 개 정도를 더 넣은 다음 제공한다.

(2) 아이스 아메리카노(Iced Americano)

에스프레소를 냉수에 희석한 커피이다. 350~400mL의 잔에 큰 얼음을 7~8개 정도 채우고 에스프레소를 부은 후 냉수를 9부 정도까지 부어 준다.

Tip ▶ 아메리카노의 농도에 따른 종류

① 진한 아이스 아메리카노 : 더블 에스프레소에 냉수를 붓는다.
② 보통 아이스 아메리카노 : 룽고에 냉수를 붓는다.
③ 연한 아이스 아메리카노 : 에스프레소에 냉수를 붓는다.

(3) 아이스 카페 라테(Iced Caffe Latte)

부드러우면서 고소한 맛이 살아 있는 것이 특징이다. 350~400mL 잔에 큰 얼음 7~8개를 채우고 찬 우유를 8부 정도 붓는다. 여기에 에스프레소를 부어 주는데, 진하게 마시고자 할 때는 룽고를 사용한다.

에스프레소를 붓고 찬 우유를 부으면 에스프레소와 우유가 희석되나, 찬 우유를 먼저 붓고 에스프레소를 부으면 2개의 층이 형성된다.

2

3

(4) 아이스 카푸치노(Iced Cappuccino)

진한 에스프레소와 부드러운 우유 거품이 잘 조화된 커피이다.

350~400mL 잔에 얼음을 8부까지 넣고 찬 우유를 6부 정도 붓는다. 그 위에 미지근하게 낸 우유 거품만을 스푼으로 떠서 8부까지 올린 다음 더블 에스프레소를 살짝 부어 주면 된다. 이렇게 만들면 우유, 커피, 우유 거품의 3개 층이 형성되는데, 그 위에 계피 가루나 초콜릿 시럽, 시나몬 가루

등으로 장식한다. 더블 에스프레소가 진할 경우에는 룽고를 사용한다.

아이스 카푸치노를 셰이킹하여 서브할 경우는 셰이커에 큰 얼음 10개, 설탕 시럽 10~20mL, 더블 에스프레소와 찬 우유를 150mL 넣고 셰이킹한 후 글라스에 붓고 시나몬 가루나 계피 가루 등을 뿌린다.

(5) 아이스 카페 비앤나(Iced Caffe Vienna)

아이스 아메리카노에 설탕 시럽 10~20mL를 넣고, 그 위에 생크림을 올린 다음, 레인보우나 원두 2~3알, 아몬드 가루, 땅콩 가루 등으로 장식한다.

(6) 아이스 카페 모카(Iced Caffe Mocca)

350~400mL의 잔에 초콜릿 시럽으로 띠를 만든 후 큰 얼음을 5~6개 넣고 초콜릿 시럽 20mL, 찬 우유 150mL, 더블 에스프레소를 믹싱한 것을 붓는다. 휘핑 크림을 올리고 초콜릿 시럽으로 장식한다.

많이 판매가 될 경우는 하루 전에 초콜릿 시럽과 우유를 믹싱하여 숙성시켜 사용하는 것이 편리하다.

about coffee

4. 우유 거품내기

1) 스팀 피처(Steam Pitcher)의 선택

스팀 피처는 우유 거품을 만들거나 우유를 데우는 데 사용되는 도구로, 350mL, 600mL, 900mL 용량을 주로 사용한다.

우유 맛에 변화를 주지 않으면서 데워야 하므로 재질이 중요한데, 유리나 플라스틱보다는 스테인리스 제품이 좋다. 열전도율이 높기 때문에 스티밍시 우유가 받을 열을 스테인리스 용기가 가져감으로써 우유 데워지는 속도를 더디게 하여 고품질의 우유 거품을 만들 수 있기 때문이다.

한편 모양은 사진과 같이 아래는 넓고 위는 좁은 모양이 바람직하다. 에스프레소 기계의 스팀 노즐에서 분사되는 모양과 일치하여야 회전이 원활히 일어나며, 회전이 잘 이루어져야 아주 고운 거품을 만들 수 있기 때문이다.

두께는 우유 속에 들어 있는 유지방 함량에 따라 약간씩 차이가 있다.

예를 들어, 고지방 우유를 사용하고자 할 경우에는 두꺼운 피처를 사용하는 것이 좋다. 왜냐 하면 고지방 우유의 경우 지방과 단백질이 열에 의해 빨리 분리되는 현상이 일어나므로, 두꺼운 피처를 사용하게 되면 우유에 열이 가해지는 것을 더디게 하여 좋은 거품을 만들 수 있기 때문이다.

한편 스팀 피처는 항상 차가운 상태로 유지시켜야 좋은 품질의 거품을 얻을 수 있을 것이다.

스팀 피처의 크기는 만들고자 하는 양에 따라 선택한다.

▶ 스테인리스 스팀 피처

2) 우유 거품 내는 순서

(1) 스티밍하기 전 스팀 밸브 열기

▶ 스팀 밸브를 열어 물을 빼 주는 과정

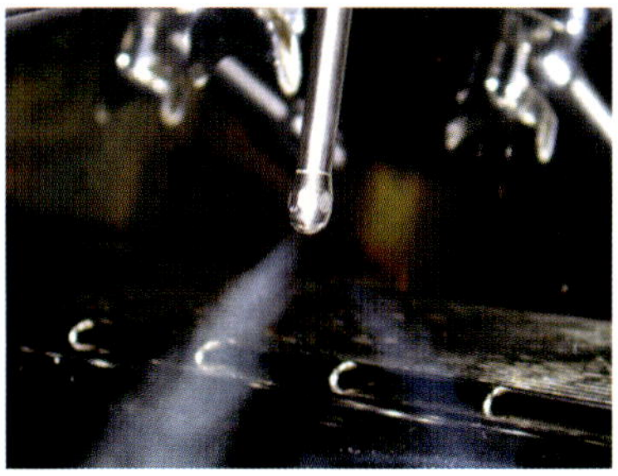

스팀 노즐에는 약간의 물이 들어 있다. 스팀 사용을 멈추면 수증기가 물로 바뀌기 때문이다. 그런데 이것을 그냥 사용하게 되면 우유 농도를 흐리게 만들므로 스티밍하기 전에는 스팀 밸브를 열어 물을 빼 주어야 우유 맛이 변화되지 않는다. 밸브를 열어 주는 시간은 약 2~3초 정도이며, 행주로 스팀 노즐을 감싸고 열어 주는 것이 좋다.

(2) 스팀 피처에 우유 담기

'스팀 피처에 우유를 얼마만큼 담을 것인가?' 판단하는 것은 많은 경험을 필요로 한다. 일반적으로 우유를 담는 양은 350mL 피처의 경우 150mL, 600mL 피처는 250mL, 900mL 피처는 350mL 정도가 적당하다. 150mL용은 1잔, 600mL는 2잔, 900mL는 4잔을 만들면 좋은 카푸치노를 만들 수 있다. 항상 차가운 피처를 사용하고, 우유의 온도는 4~5℃가 좋다.

차갑지 않을 경우 우유의 온도가 급격하게 상승하기 때문에 우유 거품을 내기 전 항상 확인하고 사용하는 것이 좋다.

(3) 스팀 밸브 열기

모든 커피 기계는 약간의 유격(간격)이 존재한다는 사실을 잊지 말자.

스팀 밸브를 시계 반대 방향으로 천천히 돌리기 시작하면 처음에는 잘 돌아가나 더 큰 힘을 가해야 하는 시점이 온다. 스팀이 나오기 시작하는 순간으로, 그 때를 놓치지 말고 180° 회전을 하게 되면 가장 많은 양의 스팀이 나온다. 그래야 스티밍이 끝나고 한 번에 온도 변화 없이 밸브를 잠글 수 있다.

(4) 공기 주입

시작할 때에는 스팀 노즐은 깊이 담그는 것이 좋다. 공기를 넣고자 하는 양을 조절할 수 있기 때문이다.

너무 낮게 노즐을 담글 경우 강한 스팀에 의해 순간적으로 공기가 많이 주입이 되므로 고운 거품을 얻기가 힘들다.

스팀 밸브를 열고 난 후 스팀 피처를 서서히 아래로 내리면, 스팀 노즐 팁이 우유 표면으로 드러나게 되고, 마찰에 의해 1차 우유 거품이 만들어지게 된다.

스팀 피처를 아래로 내릴 때에는 한번에 하지 않고 서서히 내려야 적은 마찰에 의해 잔 거품이 만들어진다. 또한 고운 거품을 만들기 위해 혼합시킬 때에도 용이하게 할 수 있다.

스팀 노즐에서 분사되는 스팀이 우유 표면으로 드러나면서 노즐 주위에 있는 공기를 우유 속으로 끌고 들어가게 된다.

따라서 스팀을 만들 때에는 스팀 노즐 주위에 다른 냄새가 나지 않도록 주의해야 한다.

공기 주입은 스팀 피처에서 6~7부 정도 올라올 때까지 하며, 온도는 35℃ 이하에서 해야 좋은 거품을 얻을 수가 있다.

한편 빠른 속도로 공기를 주입을 해야 나머지 혼합 시간이 길어져 고운 거품을 얻을 수 있다.

(5) 혼합

우유 위에 형성된 잔 거품을 고운 거품으로 만들어 주면서 온도를 높이는 작업이다.

고운 거품을 얻기 위한 최종 단계이므로 세밀한 작업이 필요하다. 공기를 주입하기 위해서는 내렸던 피처를 다시 올려 준다.

이 때 주의해야 할 점은 스팀 노즐을 너무 깊게 넣으면 안 된다는 것이다. 스팀 노즐을 깊게 넣으면 우유 표면에 있는 거품을 끌고 들어가 혼합을 시킬 수 없기 때문이다.

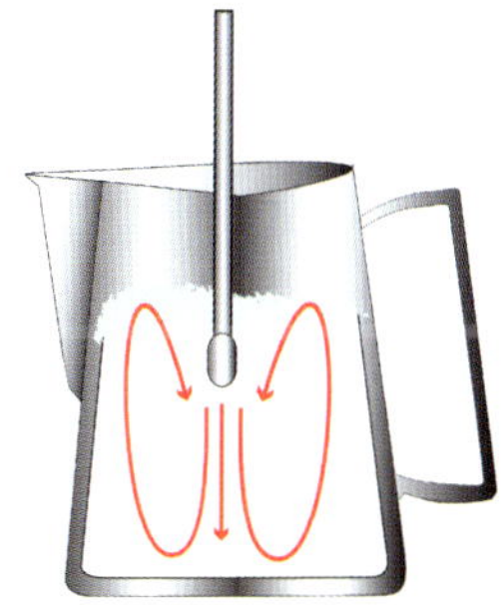

따라서 스팀 노즐 팁 즉 끝 부분만 마찰 소리가 들리지 않을 정도로 담가 주어야 큰 회전으로 전체를 혼합할 수 있다. 혼합하는 단계에서 생성되는 거품은 없어지지 않기 때문에 공기 주입이 끝나면 다시 공기가 주입되지 않도록 회전시킨다.

혼합이 완전히 이루어지면 양은 스팀 피처의 8~9부 정도가 되고 온도는 60~70℃까지 올라간다. 피처를 잡지 않은 반대편 손으로 피처의 7부 정도 위치에 대고 온도를 감지해 주어야 화상 없이 감지가 가능하다.

정상적으로 작업이 완료되면, 빠른 동작으로 스팀 밸브를 잠그고 나서 스팀 피처를 뺀다.

(6) 잔여 거품 없애기

스티밍 종료 후에도 약간의 작은 거품들이 남아 있을 수 있다. 이 거품을 없애기 위해서는 스팀 피처의 바닥을 작업대 위에서 2~3회 '탕탕' 소리가 나도록 치고 크게 1~2회 회전시킨다. 단, 동작을 크게 하되 넘치지 않도록 주의한다. 이 과정을 오래 반복하면 우유는 더 담백해지나 온도가 내려가 커피와 희석했을 때 맛이 떨어질 수 있으므로 이 과정은 단시간에 종료하도록 한다.

이런 과정에 의해 만들어진 우유는 기포가 없고 고우며 응집력이 있어야 한다.

(7) 스팀 노즐 청소

스팀 노즐은 사용 후에 바로 밸브를 열어 남아 있는 우유를 제거한 다음 젖은 행주로 닦고 다시 한번 밸브를 열어 마무리한다. 이런 과정을 거치지 않으면 노즐에 우유 찌꺼기가 남아 비위생적이며, 장시간 사용에도 어려움이 따른다.

3) 우유 거품 따르기

우유 거품을 따를 때에는 적은 양으로 잔 가운데서 시작하여 5~10cm 정도까지 피처를 높인 후 부어 준다. 크레마에 변화를 주지 않고 안정시키기 위한 동작으로, 크레마가 안정이 되고 크레마 밑으로 우유 거품이 형성되어야 모양 만들기가 쉬워진다. 잔에 부어 주는 위치는 한 곳에서만 하지 말고 좌우로 옮겨 주어야 단시간에 크레마를 안정시킬 수가 있다.

이 동작은 잔에 내용물이 반 정도 찰 때까지 계속하며, 잔에 반 이상이 차면 빠르게 피처를 내려 잔의 가운데서 흔들면서 양을 늘린다.

2잔 이상을 만들 경우에는 보조 피처를 사용하는 것이 바람직하다. 예를 들어, 카푸치노의 경우 2잔의 거품을 동일하게 만들 수 있기 때문이다.

보조 용기를 사용해서 두 번째 잔을 만들 때는 보조 용기에 있는 거품을 스팀 피처에 부어 준 후 다시 한 번 회전시킨다.

보조 용기는 항상 예열되어 있는 것을 사용해야 우유가 식지 않는다.

about coffee

5. 라떼 아트의 기초

잘 만들어진 우유 거품을 준비된 에스프레소 위에 따르는 방법이다. 1잔을 만들 경우는 우유 거품을 만든 피처를 그대로 사용하면 되고, 2잔을 동시에 만들 경우는 보조 피처를 사용하는 것이 좋다.

라떼 아트를 만들었을 때 2잔의 거품을 똑같이 만들기 위해서이다.

2번째 만들 때는 보조 용기에 있는 거품을 부어 준 다음 꼭 회전을 시켜 우유와 우유 거품이 분리가 되지 않도록 혼합해야 한다. 이 때 사용하는 보조 용기는 뜨겁게 데워서 사용한다. 보조용기에 담는 우유는 다 데워진 상태이므로 용기가 뜨거워야 식지 않고 온도를 유지하기 때문이다.

처음 잔에 우유를 따를 때는 적은 양으로 잔 가운데서 5~10cm 정도의 높이로 부어 준다. 이것은 크레마의 변화를 주지 않고 안정시키기 위한 동작이다. 크레마가 안정이 되고 크레마 밑으로 우유 거품이 형성되므로 라떼 아트를 만들기가 쉬워진다. 한편 잔에 부어 주는 위치는 한 곳에 계속 붓지 말고 좌우로 옮겨 주어야 빠른 시간에 크레마를 안정시킬 수가 있다.

이 동작은 잔에 반 정도가 찰 때까지 지속한다.

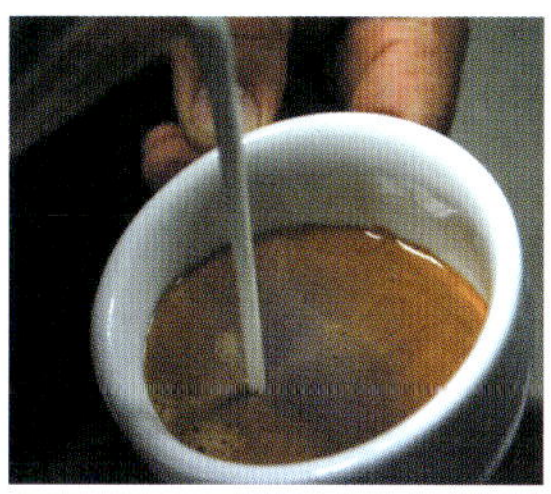

만일 잔에 우유를 떨어뜨릴 때 우유 거품이 먼저 떨어져 하얗게 될 경우 스팀 피처를 높이 올려 주면 없어진다.

잔에 반 정도가 올라오면 빠르게 피처를(잔에 닿을 때까지) 내린다. 잔 가운데서 피처를 흔들어 주면서 양을 서서히 늘리면 그림이 그려지기 시작한다.

이것이 라떼 아트 그리기 기본 동작이다.

정리를 해보면 약 5~10cm 정도의 높이에서 가운데로 부어 준 다음 양을 줄이면서 스팀 피처를 올려 잔에 절반 정도가 올라올 때까지 간격을 그대로 유지를 한다. 이 동작은 크레마가 깨지지 않게 하기 위한 동작이다. 크레마가 안정이 되고 양이 절반을 넘으면 빠르게 피처가 잔에 닿을 때까지 내려 흔들면서 서서히 양을 늘려 준다. 양은 그림이 그려질 때까지 계속 늘려 주면 된다. 이 때 주의할 점은 양이 올라온다고 피처를 잔에서 떨어뜨려 위로 올리면 안 된다는 것이다. 그림이 그려지다가 사라질 수 있기 때문이다.

about coffee

6. 모양에 따른 잔의 포인트

라떼 아트의 기본 디자인인 나뭇잎과 하트의 포인트를 알아보자.

① 나뭇잎은 피처를 잡은 손에서 가운데 보다 약간 앞쪽에서 시작한다.

② 하트는 피처를 잡은 손에서 가운데 보다 약간 뒤쪽에서 시작한다.

about coffee

7. 나뭇잎과 하트 그리기

1) 나뭇잎 그리기

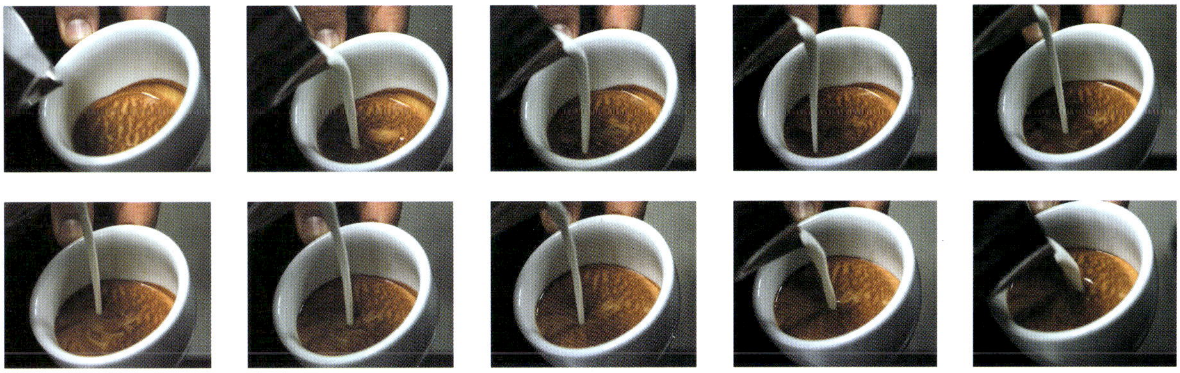

모든 라떼 아트의 기본이 되는 디자인이다. 나뭇잎 모양의 라떼 아트를 잘 한다면 다른 모양들도 쉽게 만들 수가 있다. 나뭇잎 모양은 어렵지만 잘 할 수 있다면 다른 어떤 모양보다 화려하고 멋있을 것이다.

(1) 크레마 안정시키기

크레마를 잘 안정시켜야 그림이 선명하고 깨끗하게 만들어진다.

에스프레소를 추출한 잔 가운데에 스팀 밀크를 떨어뜨린 다음 5~10cm 정도의 높이를 유지하면서 한 곳에 붓지 말고 약간씩 포인트를 옮겨 준다. 같은 위치에 계속 떨어뜨리면 떨어지는 위치의 크레마가 깨져서 좋은 모양이 만들어지기가 힘이 든다. 이 동작은 잔에 절반이 약간 넘을 때까지 해야 한다. 잔과 스팀 피처의 간격은 그대로 유지해야 하며 스팀 피처가 잔 쪽으로 내려와서는 안 된다. 그림을 그리기 전 크레마 안정시키는 과정에서 스팀 피처가 내려오면 크레마가 깨지면서 하얗게 변하므로 원하는 그림을 그리기 어렵고 그림이 그려진다 해도 좋은 모양의 그림은 그려지지 않는다.

(2) 띠 만들기

크레마를 안정시킨 다음 빠르게 피처를 내려 잔에 밀착함과 동시에 좌우로 흔들어 준다. 이 때 떨어뜨리는 포인트는 잔의 가운데이며 흔드는 간격은 1cm 정도이다. 이렇게 흔들면서 양을 서서히 늘려 준다.

첫 번째 띠가 만들어질 때까지만 점차적으로 늘리면 된다. 늘리는 양이 적으면 띠가 만들어지지 않고 양이 너무 많으면 아래 그림처럼 만들어 지므로 첫 번째 띠를 그리는 포인트가 중요하다.

잔에 붓는 스팀 밀크의 양과 좌우로 흔드는 크기에 따라서 나뭇잎의 잎 크기와 모양이 달라진다.

첫 번째 띠가 만들어지면 피처를 뒤로 흔들면서 뺀다. 이 때 흔드는 크기나 양의 변화를 주어서는 안 된다. 첫 번째 띠가 생기면 각도, 양, 속도를 그대로 유지하면서 빠져야 한다. 뒤로 빠질 때 스팀 피처를 잔에서 떨어뜨리지 말고 잔에 붙인 상태에서 뒤로 빠져야 한다. 뒤로 빠지면서 피처를 들면 중력에 의해 가속도가 붙어 오히려 그림이 사라지고 만다. 뒤로 빠지는 속도에 따라 잎의 숫자가 만들어지는데 빨리 빠지면 잎 숫자가 적고 천천히 빠지면 잎 숫자가 많아진다.

처음 그릴 때는 뒤로 빠지기가 쉽지 않기 때문에 아래 그림처럼 많은 양을 부으면서 천천히 빠지게 되는데 이럴 경우는 잎이 서로 겹쳐질 수 있으므로 주의한다.

(3) 마무리

띠를 만든 다음 마무리에 따라 잎의 모양이 변할 수 있다.

▶ 양을 적게 부으면서 마무리하는 경우

▶ 피처를 낮게 해서 양을 많이 부으면서 마무리하는 경우

좋은 디자인을 만들기 위한 마무리는 띠를 완전히 만든 후 끝에서 약간 위로 올린 다음 앞으로 가면서 마무리를 하면 된다.

띠를 다 만든 후 끝에서 오래 머물면 끝 부분이 커지므로 크게 되기 전에 마무리를 하는 것이 좋다.

2) 하트 그리기

하트는 많은 사람들이 좋아하는 문양이다.

하트 문양도 나뭇잎과 마찬가지로 크레마 안정시키기, 둥근 원 그리기와 마무리기로 이루어진다. 크레마 안정시키는 과정은 나뭇잎과 동일하다.

에스프레소를 추출한 잔 가운데에 스팀 밀크를 떨어뜨린 다음 5~10cm 정도의 높이를 유지하면서 한 곳에 붓지 말고 약간씩 위치를 옮겨 준다.

하트는 처음 스팀 우유를 잔에 떨어뜨릴 때 벽에 떨어져서는 제대로 된 모양을 만들 수가 없다. 크레마와 우유가 완전히 분리가 되어야 선명해지면서 모양이 만들어지는데 벽에 떨어져 하얗게 되면 하트를 그릴 수가 없다. 따라서 첫 번째 떨어지는 포인트는 가운데가 되어야 한다.

크레마를 안정시키고 하트를 그리기 위해 첫 번째 떨어뜨리는 위치는 다음 사진과 같다.

크레마 위에 하얗게 만들어지면 스팀 피처와 잔의 높이는 그대로 유지하면서 뒤로 빠지지 말고 약간 앞으로 밀면서 계속 흔들어 주면 하얀 원이 만들어진다.

만일 작은 원이 만들어질 때 뒤로 빠지게 되면 2중적으로 원이 형성되어 제대로 된 하트를 만들기가 어렵다.

너무 많은 양으로 하트를 그릴 경우는 전체가 하얗게 만들어지므로 선명하게 만들기가 어렵다. 양은 그림이 그려질 때까지 점차적으로 늘려야 이런 현상을 막을 수가 있다.

마무리는 나뭇잎과 마찬가지로 서서히 위로 올리면서 마무리를 하면 된다. 이 때도 3~5cm 정도 높이에서 양을 줄이지 말고 많이 부으면서 마무리를 해야 하트 끝이 깔끔하게 만들어진다. 하트도 마무리에 따라 모양이 바뀐다.

적은 양으로 스팀 피처를 위로 올리면서 마무리를 할 경우는 하트의 끝이 작아진다.

하트는 마무리를 할 때 위로 올리면서 마무리를 해야 좋은 그림이 만들어진다.

1984-1985

6

커피의 맛과 향기의 평가

1. 커피의 맛과 향의 표현
2. 커피 향이란?
3. 커피의 여러 가지 맛
4. 커피의 촉감, Body
5. 커핑 테스트란?
6. SCAA 커핑 테스트 기록지 작성 요령 및 평가 항목, 평가 기준

일본 동경 「호리구치 공방」

about coffee

1. 커피의 맛과 향의 표현

전문가들은 생두가 약 2,000가지의 물질로 구성되어 있고, 로스팅 후 발현되는 성분이 850가지 정도라고 추정하고 있다. 하지만 이것도 어디까지나 추정일 뿐이다. 인간이 아직까지도 발견하지 못한 물질이 많다고 하니, 작은 생두 한 알 속에 들어 있는 물질들이 얼마나 복잡 미묘한가?

따라서 많은 물질들이 복잡하게 뒤섞인 커피를 '이런 맛이다' '이런 향이다'라고 표현하는 것은 쉽지 않다.

화학적 설명과 함께 커피의 맛과 향을 일일이 언급하는 것은 이 책의 범위를 넘는 일이므로, 여기서는 《SCAA(Specialty Coffee Association of America) Cupper's Handbook》에 기초를 두어 개념만을 설명하기로 한다.

※ 《SCAA Cupper's Handbook》은 문준웅 박사가 번역한 책을 기초로 하였다.

about coffee

2. 커피 향이란?

1) 커피 향의 구성

커피의 전체적 향은 부케(Bouquet)라고 부르며, 프레이그런스(Fragrance), 아로마(Aroma), 노즈(Nose), 애프터테이스트(Aftertaste)의 네 부분으로 구성된다.

각각의 부분에서 느껴지는 향은 분명한 차이가 있으나, 한 잔의 커피 향은 다음 중 하나에 의해서만 구성되는 것이 아니고 네 부분이 조화를 이루면서 만들어지는 것이다. 커피를 마실 때마다 각각을 평가하는 것은 무리가 있고, 꼭 그래야 할 필요도 없는 일이지만, 다음과 같은 내용을 숙지하고 있다면 커피의 향을 이해하는 데 도움이 되리라고 여겨진다.

(1) 프레이그런스(Fragrance ; 볶은 커피 향)

원두를 갈면 커피의 조직이 분쇄되면서 열이 발생한다.

이 때 커피 조직 내에 있던 탄산가스가 방출되면서 향 성분을(상온에서 기체 상태) 함께 방출한다. Sweetly(달콤한 꽃향기), Spicy(달콤한 향신료의 톡 쏘는 향) 등을 느낄 수 있다.

(2) 아로마(Aroma ; 추출 커피 향)

분쇄 커피가 뜨거운 물과 접촉하면 분쇄 커피가 가지고 있는 향 성분의 75%가 날아가 버린다.

뜨거운 물의 열이 커피 입자 안에 있는 유기 화합물의 일부를 기화시키면서 다양한 향이 만들어지는데, Fruity(과실 향), Herby(허브 향), Nutty(너트 향) 등이 그것이다.

(3) 노즈(Nose ; 마시면서 느끼는 향)

커피를 마시면 커피 액체가 입 안에 있는 공기와 만나 액체 중 일부가 기화된다. 이 과정에서는 맛을 감지할 수 있을 뿐만 아니라 코에서도 향을 느낄 수 있게 되는데, Caramelly(캐러멜 향), Nutty(볶은 견과류 향), Malty(볶은 곡류 향) 등 다양하며, 원두의 로스팅된 정도에 따라서도 변화된다.

(4) 애프터테이스트(Aftertaste ; 입 안에 남는 향)

커피를 마시고 난 후에 입 안에서 느껴지는 향으로, 씨앗이나 향신료에서 나는 톡 쏘는 향 등이다. 강하게 로스팅된 커피에서는 Carbony(탄 냄새), Chocolate-type(초콜릿 향) 등을 느낄 수 있다.

Tip ▶ 향 강도의 평가

향의 강도는 Rich(풍부하면서 강한 정도), Full(풍부하지만 강도가 약한 정도), Rounded(풍부하지 않고 강하지도 않은 정도), Flat(밋밋한 정도)으로 표현된다.

▶ SCAA Coffee Taster's Flavor Wheel

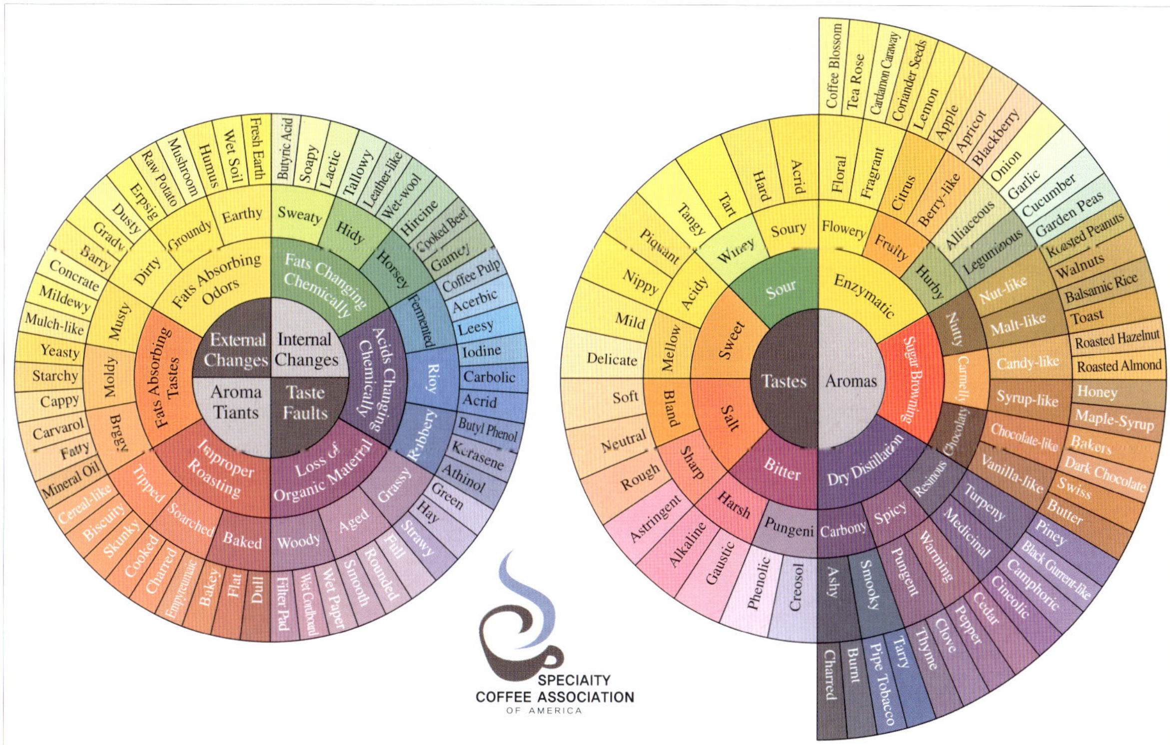

about coffee

3. 커피의 여러 가지 맛

커피에서 느낄 수 있는 기본적인 맛은 단맛, 짠맛, 신맛, 쓴맛이다. 기본 맛 중 짠맛이 포함되어 있어 의외라고 느낄 수 있겠으나, 원두 내의 산화 무기물, 산화 칼륨, 산화 인, 산화 마그네슘 등에 기인하여 느껴지는 맛이다. 이 네 가지 기본 맛을 기본으로 생성되는 커피의 1차적인 맛들은 다음과 같다.

1) 커피의 1차 맛

맛의 분류	내 용
Acidy(상큼한 맛)	오렌지를 먹었을 때 느껴지는 상큼함과 같은 느낌이다. 단맛과 신맛이 동시에 나타나지만, 단맛이 더 강하게 느껴진다.
Mellow(달콤한 맛)	커피를 마시고 난 후 느껴지는 달콤함이다. 단, 설탕을 먹었을 때 느껴지는 단맛을 기대하기는 어렵다.
Winey(와인의 맛)	와인을 마셨을 때 느껴지는 신맛과 약간의 달콤함으로 비유될 수 있다.
Bland(밋밋한 맛)	특징적인 맛을 느낄 수 없는 상태다. 커피 내의 당분이 무기질 성분과 결합하여 무기질의 맛(짠맛)을 중화시키기 때문에 나타난다.
Sharp(자극적인 맛)	톡 쏘는 듯한 맛으로 신맛과 강한 짠맛에 기인하여 생성된다.
Soury(시큼한 맛)	신맛과 떫은 맛이 동시에 느껴진다(발효된 식초를 먹었을 때의 느낌을 상상해 보라).

2) 커피의 2차 맛

1차 맛	맛의 변화	2차 맛
Acidy	단맛 쪽	Nippy
	신맛 쪽	Piquant
Mellow	단맛 쪽	Mild
	짠맛 쪽	Delicate
Winey	단맛 쪽	Tangy
	신맛 쪽	Tart
Bland	단맛 쪽	Soft
	짠맛 쪽	Neutral
Sharp	짠맛 쪽	Rough
	신맛 쪽	Astringent
Soury	짠맛 쪽	Acrid
	신맛 쪽	Hard

about coffee

4. 커피의 촉감, Body

입 안의 촉감이란 음식이나 음료를 섭취하는 과정에서 느껴지는 물리적 감각으로 부드럽다, 딱딱하다, 촉촉하다 등의 느낌을 말한다.

커피의 경우도 마시면서 입 안에서 느껴지는 느낌이 있는데, 이것은 원두 내의 지방, 고형 침전물 등에 의해 기인한다. 생두의 종류, 로스팅된 정도에 따라 차이가 있으며, Buttery(매우 기름진), Creamy(기름진), Thick(진한), Heavy(중후한), Smooth(부드러운), Light(연한), Thin(묽은), Watery(매우 묽은) 등으로 표현된다.

about coffee

5. 커핑 테스트란?

1) 커퍼의 소개

커핑 테스트(Cupping Test)를 설명하기에 앞서 커퍼(Cupper)에 관해 이해할 필요가 있다.

일반적으로 커피 농장들은 커피를 재배하고 생산할 뿐 생산한 커피에 관한 유통 체계, 마케팅 능력, 홍보력, 해외 수출 능력 등은 갖추고 있지 못하다 따라서 커피 생산지에서는 이러한 능력을 갖춘 커피 조합들이 농장과 계약을 맺고 판매를 대행해 주는 것이 일반적이다. 커피 조합은 국가 소유의 공기업인 경우와 개인 소유의 사기업인 경우 등으로 각 나라의 상황에 따라 다르다.

커피 조합에는 생두를 로스팅하여 맛본 후 평가 기준에 따라 등급을 매기는 일을 전문적으로 하는 이들이 있는데, 이들을 커퍼라 한다.

그 해에 생산된 생두는 커퍼에 의해 커핑 테스트를 거쳐 등급이 매겨지고, 각 등급에 따라 내수용, 수출용 등 다양하게 분류되어진다.

한편 유럽이나 미국, 일본 등의 대규모 생두 회사에도 커퍼가 있으며, 이들도 동일한 평가 기준을 가지고 수입된 생두를 다시 한 번 평가하는 일을 한다.

2) 커핑 테스트란?

커핑 테스트란 앞에서 설명한 바와 같이 생두의 등급을 매기기 위하여 하는 테스트이다. 커핑 테스트를 위해서는 다음과 같은 준비물들이 필요하다.

- 테스트하고자 하는 분쇄 원두
- 4개 이상의 시음용 컵(나라에 따라 개수에는 차이가 있으나, 스페셜티급 이상의 커피는 보통 4개 이상으로 한다)
- 계량 저울
- 커핑 스푼
- 커핑 테스트 결과 기록지
- 커핑 스푼을 닦을 수 있는 물이 담긴 용기
- 테스트한 커피를 뱉을 수 있는 용기(전용 테이블에 부착되어 있지 않은 경우 따로 준비한다)
- 입을 헹굴 수 있는 냉수(전용 테이블에 부착되어 있지 않은 경우 따로 준비한다)

SCAA(Specialty Coffee Association of America)의 커핑 테스트 매뉴얼에 따르면 다음과 같다.

단 계	사 진	내 용
1		원두를 중배전으로 볶고 가는 입도로 분쇄한다.
2		6온스 컵에 분쇄 커피를 8.25g 붓는다. 같은 종류의 커피를 각각 4개의 컵에 담는다. 1개의 컵으로만 평가할 경우, 결점두가 포함되어 있으면 올바른 결과가 나오기 어렵기 때문이다. 코를 가까이 대고 볶은 커피 향(Fragrance)의 속성과 강도를 평가한다. (옆의 사진은 커핑 전용 테이블로, 테스트 후 커피를 뱉을 수 있는 장치와 입을 헹굴 수 있는 장치가 부착되어 있다)
3		150mL의 물(85~90℃)를 붓고 저으면서 코를 가까이 대고 추출 커피 향(Aroma)을 평가한다. 물의 온도는 90℃가 넘지 않도록 주의한다.
4		5분간 침지시키면서 떠 있는 커피와 거품을 걷어 낸다. 커피 온도는 약 55~65℃가 적당하다.

5		커핑 스푼으로 약 반 정도(6~8mL) 떠서 입 안으로 강하게 흡입(slurping)하여 혀의 전면에 골고루 퍼지게 한다. 이 때 '쉭' 하는 소리가 날 정도로 강하게 흡입한다. 추출 커피를 강하게 흡입하면 액체 커피가 증기로 변하여 코의 후각 세포에서 향을 인식하게 되며, 혀의 모든 부분에서 맛을 균형 있게 느낄 수 있다.
6		3~5초 머금으면서 혀를 입 천장에 굴려서 향, 맛, 바디를 평가하고 기록한다.
7	Cupping Form 참고	커피를 뱉고 약 30초 후, 입 안에 남아 있는 향기, 애프터테이스트를 평가 · 기록한다. 향과 맛 속성은 커핑 양식에 항목별로 기록한다.

about coffee

6. SCAA 커핑 테스트 기록지 작성 요령 및 평가 항목, 평가 기준

1) 작성 요령

① 왼쪽 네 줄에 견본 번호, 재배지/가공 방법, 품질 정보(등급 등), 볶음도를 기록한다.

② 커피 향미의 여섯 가지 평가 항목을 기준에 따라 평가하고 기록한다.

③ 여섯 항목의 합계를 계산한 후, 50을 더하여 종합 평가 점수를 □ 내에 기록한다.

▶ 커핑 결과 기록지

CUPPING FORM

	Fragrance/Aroma	Acidity	Flavor	Body	Aftertaste	Cupper's Point	Overall
	0 5 10	0 5 10	0 5 10	0 5 10	0 5 10	-5 0 5	
	0 5 10	0 5 10	0 5 10	0 5 10	0 5 10	0 5 10	
	0 5 10	0 5 10	0 5 10	0 5 10	0 5 10	0 5 10	
	0 5 10	0 5 10	0 5 10	0 5 10	0 5 10	0 5 10	
	0 5 10	0 5 10	0 5 10	0 5 10	0 5 10	0 5 10	

2) 평가 항목과 기준

① Fragrance/Aroma : 원두를 갈기 전의 향을 Fragrance, 갈고 난 후 물과 만났을 때의 향을 Aroma라고 부른다. Fragrance와 Aroma는 각각 다른 향을 발산하는데, 이 항목에서는 두 향을 평가한 후 종합적인 느낌을 점수화하는 것이다. 달콤새콤한 경쾌한 향이 느껴질수록 10, 암모니아 냄새와 같이 발효된 듯한 안 좋은 향은 1에 가깝다.

② Acidity : 커핑 스푼을 통해 커피 액이 입 안으로 들어갔을 때 혀에서 느껴지는 새콤함을 뜻한다. 오렌지와 같은 상큼함이 느껴질 경우, 점수는 10에 가까우나 발효된 식초 맛과 유사하다면 1에 가깝고 볼 수 있다

③ Flavor : 맛과 향의 종합적인 느낌이다. 균형감이 있으면 10에 가까우나 시큼한 맛이나 쓴맛이 두드러질 경우, 향이 약할 경우 점수는 낮다.

④ Body : 입 안에서 느껴지는 중후함이다. 원두의 지방, 고형 침전물에

기인하는 커피 액의 질감으로 강하게 느껴지면 10, 약하게 느껴질수록 1에 가깝다.

⑤ Aftertaste : 커피 액을 입 안에서 굴리면서 평가한 후 뱉은 다음 느껴지는 맛과 향에 대한 전체적인 평가이다. taste라는 용어가 들어가 있어 맛에 대한 평가로 오인할 수 있으나 맛과 향의 조화임을 기억해 두자. 평가는 균형감이 느껴지면 10에, 한 쪽으로만 치우쳐져 있다면 점수는 낮다.

⑥ Cupper's point : 커피에 대한 평가자의 전체적인 견해이다. 전체적인 항목에서 좋은 점수를 받았다면 +5에 가깝고 반대의 경우 −5에 표기한다.

⑦ Overall : 각 항목의 점수를 합산한 다음 40점을 더하여 나온 결과를 기록한다.

MEMO

7

세계의 커피 원산지

1. 에티오피아(Ethiopia)
2. 예멘(Yemen)
3. 케냐(Kenya)
4. 탄자니아(Tanzania)
5. 브라질(Brazil)
6. 콜롬비아(Colombia)
7. 코스타리카(Costa Rica)
8. 과테말라(Guatemala)
9. 인도네시아(Indonesia)
10. 하와이(Hawaii)
11. 자메이카(Jamaica)

일본 동경「마이」

about coffee

1. 에티오피아(Ethiopia)

1) 지형과 기후

에티오피아는 아프리카 대륙 동쪽 끝에 위치해 있으며, 위도 3~14.8°, 경도 33~48° 사이에 걸쳐 있다. 면적은 약 1,122,000km²로 매우 넓으며 수도는 아디스아바바(Addis Ababa)이다.

전체적으로 고도는 매우 높고 지역에 따라 산악지대, 플래토, 스텝, 사막 등으로 다양하다. 부분적으로 고도가 낮은 곳도 존재한다.

다양한 지형의 결과로 인해 기후, 토양, 생산 농작물, 삶의 패턴도 매우 다르다. 2,400m 이상의 지역은 연 평균 기온 0~16℃, 1,500~2,400m는 16~30℃, 1,500m 이하의 지역은 30~50℃ 가량으로 고도에 따라 다른 기후를 나타낸다.

6월 중순부터 9월까지는 우기이며, 나머지 기간 동안은 매우 건조하다.

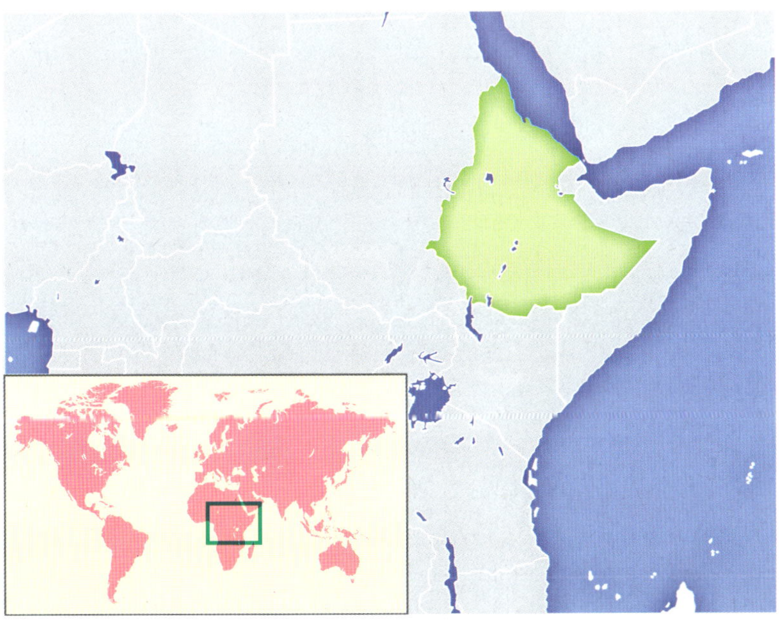

2) 커피 재배 지역

커피가 재배되는 동 · 서 · 남부 지역은 고도 약 1,300~1,800m, 연 강수량 1,500~2,500mm, 온도는 15~25℃로 커피 재배에 적당한 조건을 갖추고 있다. 또한 토양은 영양분이 풍부하고 깊이가 1.5m 이상 되는 롬질(loamy)이며, 지표면에 노출되어 있는 층은 약산성으로 어두운 갈색을 띤다. 유기농법으로 재배되기 때문에 좋은 토질이 계속 유지되고 있다.

따라서 에티오피아는 우간다(Uganda), 아이보리 코스트(Ivory Coast)에 이어 아프리카 내에서 세 번째로 많은 양의 커피를 생산하는 국가이다.

커피 총 재배 면적 400,000헥타르이며, 연간 생산량은 약 200,000~250,000톤이다.

재배 농장은 약 331,130개 정도로 그 수는 많으나 이름도 알려지지 않은 작은 농장들이 대부분이다. 작은 농장에서는 숲에서 따온 체리를 뒤뜰에서 말리고 가공하는 정도이며, 대부분 국내에서 소비된다. 체리의 수확은 모두 핸드 피킹으로만 이루어지고 있다.

현재 국가 소유의 커피 농장은 전체 농장의 10%를 차지하며, 90%는 개인 소유이다. 국가에서 최신식 시설을 갖춘 농장을 운영하려는 개인 투자자들을 적극 유치 중이므로, 품질은 앞으로 계속 향상될 것으로 기대된다.

커피를 재배하는 지역은 다음과 같이 크게 나눌 수 있다.

(1) 시다모(Sidamo) 지역

서부 지역으로 시다모(Sidamo)와 이가체프(Yirgacheffe)가 해당된다. 시다모에서 생산된 생두는 작거나 중간 크기로 둥글며 푸른빛을 띤다. 체리의 가공은 자연 건조 방식과 세척 방식을 모두 사용하는데, 세척 방식으로 가공된 커피는 부드럽고 Body와 Acidity가 균형을 이룬다. 또한 Floral과 Chocolaty한 향, 달콤한 맛을 느낄 수 있어 로스터들이 매우 선호하는 커피이다.

에티오피아 최고의 커피로 인정받는 이가체프는 2,000~2,200m의 고지대에서 생산된다. 둥근 타원형이며, 조밀도가 강하고, 푸른색을 띤다.

Acidity가 뛰어나고 Floral, Chocolaty한 향이 일품이며, 세척 방식으로만 가공된다.

(2) 카파(Kaffa) 지역

남서부에 위치한 리무(Limu)와 베베카(Bebeka), 짐마(Djimmah)이다.

리무는 미국과 유럽에서 매우 각광받는 커피로 Spicy하며 Winey한 Flavor와 균형 잡힌 Body를 경험할 수 있다. 생두는 둥근 형태로, 크기는 중간 정도이며 푸른빛을 띤다.

체리는 세척 방식으로만 가공한다.

베베카는 Acidity와 Body는 떨어지나 매우 부드러워 블랜드용으로 주로 사용되며 역시 세척 방식으로만 가공한다.

짐마는 높은 Acidity, 풍성한 Body가 일품인 커피로 에티오피아 커피 수출 중 약 50%를 차지한다.

(3) 울레가(Wollega) 지역

서부에 위치한 지역으로 김비(Gimbi), 울레가, 레켐프티(Lekempti) 등이 속한다. 과일에서 느껴지는 상큼한 맛과 풍성한 Flavor를 느낄 수 있다. 블랜드용 뿐 아니라 난종으로도 자주 사용된다.

(4) 하라(Harrar) 지역

동부의 고지대에서 생산되는 하라가 해당된다. 생두는 중간이거나 긴 사이즈이며, 녹색에서부터 골드 빛이 도는 노란색까지 다양하다. 크기에 따라 큰 것은 롱베리(Longberry), 작은 것은 쇼트베리(Shortberry), 피베리는 모카(Mocha)라고 불린다.

Acidity는 중간 정도이며 Body는 풍성하고 초콜릿의 Flavor를 느낄 수 있다. 자연 건조 방식으로만 가공되는데, 때에 따라서는 체리를 수확하지 않고 나무에 달아 놓은 채 말리기도 한다. 예멘에서도 사용하는 방법으로, 과일향과 풍부한 단맛을 느낄 수 있는 뒷맛에서는 약간의 발효된 맛이 나기도 한다.

Tip ▶ 체리의 가공 방식

에티오피아에서 세척 방식으로 커피를 가공하기 시작한 것은 1972년부터이다. 현재는 남부와 서부의 여러 지역에서 사용하고 있다.

자연 건조 방식으로 커피를 재배하는 곳은 짐마(Djimmah), 레켐프티(Lekempti), 하라(Harrar), 시다모(Sidamo)이며, 세척 방식은 시다모, 리무(Limu), 이가체프(Yirgacheffe), 베베카(Bebeka)에서 이용된다.

3) 커피 재배 방식

커피는 다음과 같이 네 가지 방식에 의해 생산된다.

(1) 포레스트 커피(Forest Coffee)

씨를 뿌리거나 물을 주지 않아도 울창한 숲에서 자연적으로 자라는 야생 커피를 말한다.

주변에 잎이 넓은 나무들이 그늘을 드리워 자연스럽게 셰이드 그론 커피(Shade-grown Coffee)가 된다. 비교적 병충해에 강하고, 수확량도 많으며, 풍성한 Aroma와 Flavor를 느낄 수 있다.

남부와 남서부 지역에서 많이 자라는데, 전체 커피 생산량의 10%를 차지한다.

우리나라에서 봄이 되면 산으로 봄나물을 캐러 가듯이, 이 곳에서도 커피 수확 시기가 되면 숲으로 체리를 수확하러 다닌다. 따라서 생산자가 따로 있는 것이 아니다.

(2) 세미 포레스트 커피(Semi-forest Coffee)

포레스트 커피처럼 숲에서 자라기는 하나, 수확량을 늘리기 위해 농부가 주위의 나무들을 가지치기하거나 1년에 한 번 정도 잡초를 뽑기도 한다. 역시 남부와 남서부에서 볼 수 있으며, 생산량은 35%에 이른다.

(3) 가든 커피(Garden Coffee)

전체 생산량에서 가장 높은 비중인 50% 가량을 차지하는 것이 가든 커피이다. 말 그대로 생산자의 집 주변 정원에서 키우는 방식으로 1헥타르당 약 1,000~1,800그루밖에는 심지 않는다. 전량 유기농으로 재배되며, 커피와 다른 작물들을 같이 심는 것이 일반적이다. 시다모, 울레가와 같은 동부와 서부 지역에서 많이 생산되며, 남서부 지역에도 소개되어 이 방식을 채택하는 곳이 늘어나는 추세이다.

(4) 플랜테이션 커피(Plantation Coffee)

국가나 부농 소유의 대규모 농장에서 생산되는 커피로, 체계화된 공정을 통해서 재배된다. 화학 비료와 살충제도 사용되는데, 전체 생산량의 5% 가량을 차지한다.

에티오피아의 커피 생산은 소규모로 이루어지며 아직까지는 매우 영세하나 그 맛이나 향만큼은 세계 최고의 수준이다.

4) 체리의 수확

체리가 익는 시기는 6월~9월인데, 수확은 세척 방식을 사용하는 지역과 자연 건조 방식을 사용하는 지역에 따라 조금씩 다르다.

세척 방식은 10월~그 다음해 3월에 수확하고, 자연 건조 방식은 7월

~12월에 수확한다.

모든 체리는 손으로 수확하며, 생두 한 포대의 무게는 60kg이다.

5) 커피의 등급 체계

커피의 등급을 책정하는 기준은 '결점두'이다. 샘플 300g 중 결점두가 몇 개 들어 있는가에 따라 1~8등급으로 분류된다.

등 급	결점두 수(개)	분 류
1	0~3	U.G.Q(Usual Good Quality)
2	4~12	
3	13~25	
4	26~45	
5	46~100	
6	101~153	
7	154~340	수출 금지 등급
8	340 이상	

6) 커피의 역사

커피의 발견과 관련해서 여러 전설이 전해지고 있는데, 그 중 가장 널리 알려진 것은 다음과 같다.

AD 850년경, 아비시니안(Abyssinian) 고원에 살던 칼디(Kaldi)라는 목동이 염소들이 덤불 속의 빨간색 열매를 따먹고는 흥분을 멈추지 않는다는 사실을 발견한다. 자신도 그 열매를 먹어 보고는 이내 그 맛과 향에 반했으며 힘이 솟는 이상한 체험도 하게 된다. 그는 그 열매를 아내에게 보여 주었으며, 이를 신이 주신 선물이라고 생각하게 된 부부는 그 지역 이슬람 수도원의 수도사에게 가져간다.

그러나 수도원 원장은 이를 '악마의 장난'이라고 치부하며 불에 던져 버렸다. 몇 분 뒤 불에 떨어진 열매에서 진하고 달콤한 향기가 나기 시작하자, 그 향기에 취해 다른 수도사들까지 모여들게 된다. 까맣게 타 버린 열매 안의 씨앗을 부순 뒤 뜨거운 물을 붓고 우려 마셨는데, 맛을 본 사람들은 모두 그 매력에 도취되었다. 또한 밤마다 있는 의식에도 계속 그 우린 물을 마셨는데, 잠을 쫓는 데도 큰 효험이 있었다.

이 이야기의 진위 여부와 상관없이, 에티오피아의 이슬람 수도사들은 수세기 동안 밤에 행해지는 의식에서 잠을 쫓기 위해 커피 체리를 먹었다.

다른 하나는 수단(Sudan ; 아프리카 북동부에 위치한 나라)의 노예들이 아라비아로 팔려 가면서 가져갔을 것이라는 설이다.

커피 열매인 체리를 으깨어 버터를 섞은 뒤 골프공만한 크기로 만들어서 가지고 다녔는데, 이것을 아라비아로 가는 내내 먹었다는 것이다. 현재도 카파와 시다모의 일부 지역에서는 커피에 녹인 버터를 넣어 먹는 풍습이 남아 있다.

에티오피아에는 1967년 설립된 지마 국립 커피센터(Jima National Coffee Center)가 있다.

품질 향상, 커피 나무에 생기는 병, 커피 산업의 발전 등 정부에서 원조를 받아 커피에 대한 다양한 연구를 진행하고 있으며, 수출 및 수출업자들을 돕는 여러 프로그램을 운영 중이다.

▶ 커피 주전자 제베나(Jebena)

▶ 체리 수확

about coffee

2. 예멘(Yemen)

1) 지형과 기후

아라비아 반도 최남단에 위치해 있으며 수도는 사나(Sanaa)이다.

국토 면적은 527,970km² 이며, 하니시(Hanish) 섬, 카마란(Kamaran) 섬, 페림(Perim) 섬, 소코트라(Socotra) 섬 등 홍해, 아라비아 해, 아덴 만(Gulf of Aden)에 위치한 많은 섬들이 모두 예멘의 영토이다.

섬들은 대부분 화산 작용에 의해 생겨났으며, 2007년 9월에도 자발 알타이(Jabal al-Tai) 섬에서 대지진이 일어나 많은 생명을 앗아갔고 군사 기지에도 큰 영향을 주었다.

지형에 따라 크게 4개의 지역으로 나뉜다.

① 홍해와 맞닿아 있는 서부 해안 지역, '평야'

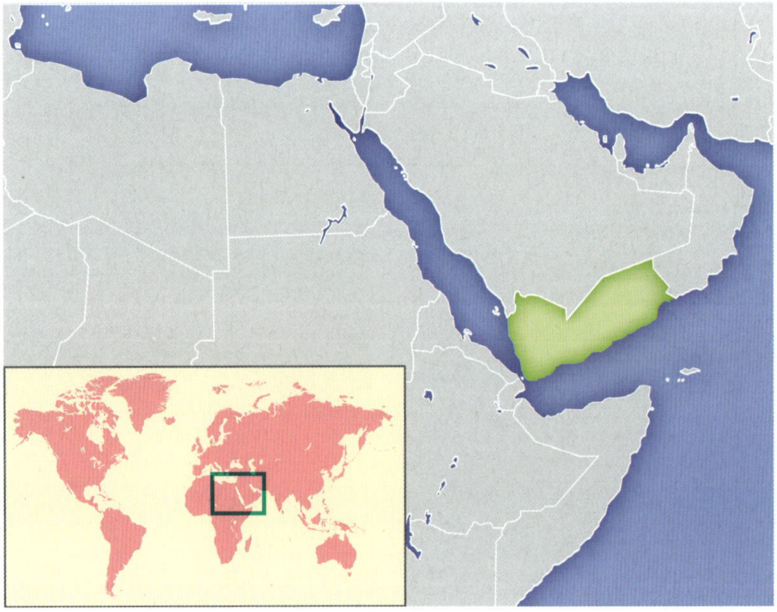

② 서부 해안 지역의 내륙에 위치한 '고원지대'

③ 오만(Oman)과의 국경 부근, 동쪽 '사막지역'

④ 중부에 위치한 '고원 지역'

▶ 계단식 고원지역에서 생산되는 커피

2) 커피 재배 지역

인류에 의해 처음 커피가 경작되기 시작한 곳이 예멘이다.

수세기에 걸쳐 여러 지역에서 재배가 시도되었으며, 경작 방식도 발전에 발전을 거듭하였다. 현재는 서부의 가파른 계단식 고원 지역과 중부 및 남부의 고원 지역 등에서 약 18,000헥타르에 걸쳐 재배되며, 1헥타르당 나무 수는 약 900~1,000그루이다.

이 지역들은 해발 1,000~1,700m가량으로 고도가 매우 높기 때문에, 당나귀가 가공된 생두의 운송을 담당한다. 강수량이 적은 지역은 관계 시설을 설치하여 커피나무에 수분을 공급하고 있다.

건조한 토양과 대기로 인해 예멘 커피는 크기가 작고 매우 단단하다.

마타리(Mattari), 히라지(Hirazi), 다마리(Dhamari) 등에서 생산된 커피가 스페셜티급으로 간주된다.

(1) 마타리(Mattari)

원래는 사나의 서부에 위치한 바니 마타르(Bani Mattar) 지역에서 재배된 커피를 지칭했으나, 현재는 그 주변 지역에서 생산된 커피도 모두 '마타리'라는 이름으로 판매되고 있다.

바니 마타르 지역은 1,980~2,280m로 고도가 매우 높다.

분쇄 원두와 추출액 모두 향이 자극적이고 Winey, Chocolaty, Spicy한 맛을 느낄 수 있다. 한편 마시고 났을 때 긴 여운을 느낄 수 있으며, Body도 매우 풍부하다.

(2) 히라지(Hirazi)

사나에서 해안 지방에 걸쳐진 높은 산맥 가운데 두 번째로 높은 봉우리에서 생산된 커피로, 가장 품질이 뛰어난 커피이다.

Fruity한 Aroma와 Acidity가 장점이며 자극적이고 힘이 느껴진다. Body는 마타리에 비해 약간 떨어지나 중간 이상이다.

(3) 다마리(Dhamari)

사나 남부의 다마리 지역에서 생산된 커피로, 아니시(Anisi)라고 불리기도 한다. Winey한 Acidity를 느낄 수 있으나 마타리나 히라지보다는 맛이 부드럽고 단조롭다. Body는 매우 풍성하다.

▶ 사나의 커피 시장

(4) 이스마일리(Ismaili)

예멘의 커피명은 생산지를 지칭하거나 나무의 품종을 지칭하는 등 혼용되어 사용되는 경우가 있어 혼동하기 쉽다.

특히 이스마일리는 외국인 수매자의 경우 이스마일리 지역에서 생산된 커피인지, 아니면 품종을 지칭하는 것인지, 정확한 정보를 가지고 있지 않다면 알 수 없다.

지역명을 지칭하건 품종을 지칭하건 이스마일리 커피는 전반적으로 매우 부드럽고 품질이 우수하다. 마타리와 비교하면 좀 더 부드러움을 느낄 수 있으나 Body는 떨어진다.

Tip ▶ 사나니(Sanani)

사나니라는 명칭을 달고 판매되는 커피는 사나의 서편 여러 지역에서 생산된 생두를 섞은 것이다. 이 지역들은 고도가 낮은 편으로 생산된 커피는 균형감은 있으나 마타리나 히라지, 이스마일리와 같이 새콤함이나 섬세함을 느끼기는 힘들다.

3) 커피의 가공 방식

앞에서도 언급한 바와 같이, 체리의 가공은 대부분이 자연 건조 방식을 이용한다. 커피 재배 지역이 건조하기 때문이다.

잘 익은 체리는 옥상에서 건조되며, 과피와 파치먼트를 통째로 맷돌에 갈아서 벗긴다. 따라서 깨진 생두와 모양이 일정치 않은 생두들을 많이 볼 수 있다. 지역에 따라 당나귀나 낙타가 맷돌을 돌리는 곳도 있다.

경우에 따라 체리를 따지 않고 나무에서 건조한 후 역시 맷돌을 이용하여 껍질을 벗기기도 한다. 재배 초기의 가공 방식으로 다른 커피 산지에서는 사용하지 않는다.

키질과 마지막 마무리 과정은 모두 손으로 하며, 화학 비료나 농약은 절대 사용하지 않는다.

Tip ▶ 예멘 스페셜티 커피 상회(Yemen Specialty Coffee Ltd.)

고원 지대에서 생산된 커피를 그 지역의 중간 상인에게서 구매하여 수출하는 회사이다. 이 상회에 의해 수출되는 커피는 2~3회에 걸쳐 결점두를 골라 내므로 깨끗하다. 생두의 크기나 색이 모두 일정하지는 않지만, 커피의 품질이나 고유한 맛과 향에 악영향을 미치는 것은 아니다.

4) 품 송

아라비카 종인 타이피카(Typica)와 버본(Bourbon)이다.

여러 지역에서 다양한 이름으로 불리고 있으나 공식적인 품종명이 기

▶ 이스마일리

록된 것은 없다. 가장 널리 재배되는 것은 이스마일리로, 작고 둥글며 완두콩처럼 생겼다. 한편 마타리는 작고 둥근 타원형이다.

생두의 크기나 모양이 일정치 않고, 색도 연한 녹색에서부터 노란색까지 다양하다.

5) 체리의 수확

꽃이 1~4월에 핀 후 지고 나면, 체리가 10~12월 사이에 성숙한다. 지역에 따라 4~5월에 걸쳐 익기도 하는데, 수확은 1년에 1회만 한다.

생두 한 포대의 무게는 과거 85kg이었으나 현재는 60kg이다. 다른 나라들과 달리 예멘의 생두 포대는 짚을 땋아 만든 자루이다.

6) 커피의 역사

약 6세기경 수단의 노예들에 의해 에티오피아로부터 커피가 유입되어 경작되었을 것으로 추정된다.

17세기경 포르투갈 선원들이 배를 모카항(Al-Mocha)에 정박시켰을 때 그 지역을 다스리던 촌장이 환영의 의미로 검은 음료, 커피를 대접한다. 강한 맛과 향, 먹고 난 후 힘이 솟는 이 음료에 매력을 느낀 선원들은 생두 몇 포대를 유럽으로 가져갔다.

그 후 커피는 유럽에 알려져 점차 인기를 모았으며, 17~18세기에는 모카항을 통해 유럽으로 수출되었다. 따라서 예멘 커피를 모카라고 부르게 된 것이다.

▶ 모카항

모카항은 네덜란드, 프랑스, 포르투갈인들이 파치먼트를 실론, 인도네시아 등과 같은 자국의 식민지에 심어 커피 재배에 성공하게 되면서 과거의 영화를 찾아볼 수 없는 작은 어촌 마을로 전락했지만, 약 200여 년 동안은 번성한 항구 도시로 이름을 날렸다.

▶ 현재의 모카항

www.flick.com(by jochen westerman)

모카항을 통해 유럽으로 수출된 예멘 커피는 모카라는 명칭을 갖게 되었으나, 17~18세기 초에는 에티오피아, 서인도 제도, 인도네시아에서 생산된 커피도 모카라고 불리게 되었다.

서인도 제도에서 재배된 커피는 예멘에서 종자를 가져간 것으로 맛과 향이 매우 유사했기 때문이다.

현재는 에티오피아의 하라 커피가 체리 가공 방식이 예멘 커피와 동일하고 Body는 약간 떨어지나 맛과 향이 유사하여 모카라는 이름을 달고 판매되고 있다.

한편 예멘 커피에서 느껴지는 초콜릿의 맛과 향 때문에 초콜릿을 의미하는 단어로도 사용된다. 에스프레소 베리에이션 커피 중 하나인 카페 모카는 커피에 초콜릿과 우유를 혼합한 음료를 지칭한다.

7) 커피 문화

예멘 사람들이 즐겨 마시는 음료 중 하나가 키시르(Qishr)이다.

맷돌로 건조된 체리의 껍질을 벗긴 후, 껍질만 모아서 여러 향신료와 함께 섞어 끓인다. 실온에 두고 식힌 후 갈증이 나거나 아침에 잠을 깨기 위

▶ 키시르

www. flick.com(by michel tahar)

해 마시는 음료로 상용한다.

아침에는 주로 볶은 원두만을 추출하여 마시고, 목욕 후나 예배 후에는 잠깐의 짬을 이용해 커피 하우스에 모여 설탕을 듬뿍 넣은 뜨거운 커피를 마신다.

about coffee

3. 케냐(Kenya)

1) 지형과 기후

케냐는 아프리카 동쪽 끝에 위치한 국가로, 총 면적은 약 582,646km^2 이다. 수도는 나이로비(Nairobi)이며, 에티오피아, 우간다, 탄자니아, 소말리아와 국경을 마주하고 있다.

인도양과 인접해 있는 동남부는 낮은 평지이나, 중앙으로 가면서 고원 지대를 이룬다. 케냐 산(Kenya Mt.)은 고원 지대 중에서도 가장 고도가 높은 곳으로 해발 약 5,199m 정도이다. 한편 고원 지대는 국토를 가로지르는 그레이트 리프트 밸리(Great Rift Valley)에 의해 동과 서로 나누어

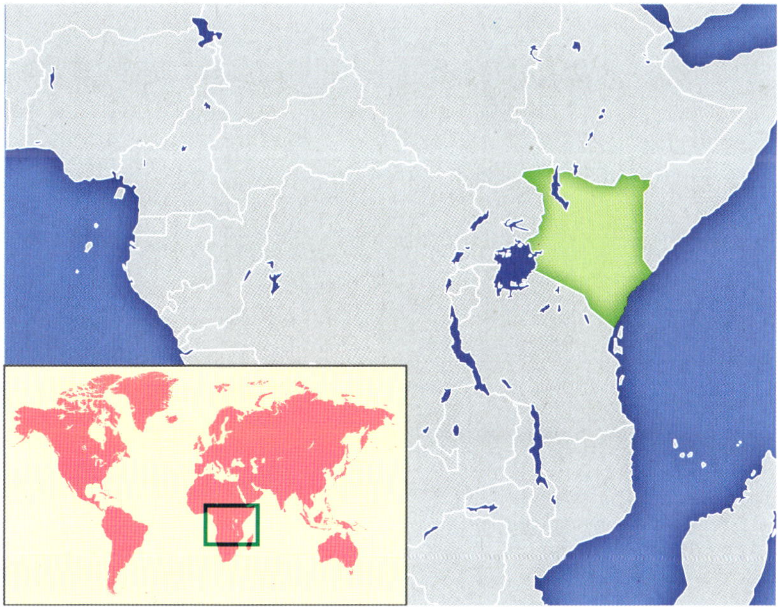

지는데, 동쪽은 산악지역, 서쪽은 많은 농산물이 생산되는 기름진 플래토(plateau)이다.

바다와 마주하는 지역은 무덥고 습한 열대 기후를 나타내며, 내륙은 온화하고, 북부와 북동부는 건조하다.

일 년 내내 강한 햇빛을 받으나, 때때로 밤과 새벽에 기온이 급강하하기도 한다.

2~3월이 일 년 중 가장 더우며, 7~8월은 추운 시기, 4~6월은 긴 우기, 10~12월에는 스콜 현상이 나타난다.

▶ 케냐 산

www.wikipedia.org

2) 커피 재배 지역

커피는 약 153,000헥타르에서 재배되며 주요 재배 지역은 수도인 나이로비의 북부와 북동부, 케냐 산에 의해 둘러싸인 플래토 지역, 아베르다레(Aberdare) 지역이다. 그 밖에도 카시(Kasii), 니안자(Nyanza), 분고마(Bungoma), 카코마가(Kakomaga), 리프트 밸리 지역인 나쿠루(Nakuru), 트랜스 엔조이아(Trans Nzoia), 케리초(Kericho), 카지아도

(Kajiado) 등에서도 재배된다.

커피가 재배되는 지역의 고도는 평균 1,500~2,100m이며, 99.99% 이상이 아라비카이고, 로부스타 생산량은 0.01%도 되지 않는다.

3) 커피의 유입 및 재배 품종

1893년 말 프랑스 기독교 전도단의 사제에 의해 에티오피아에서 아덴을 거쳐 유입되어 경작되기 시작하였다. 초기의 시험 재배는 수도인 나이로비에서 이루어졌으며, 현재 재배되는 주요 품종은 SL-28, SL-34, 버본(Bourbon), 켄트(Kents), 타이피카(Typica), 리우리(Riuri) 11 등이다. 버본은 스카티시 미션(Scottish Mission), 프렌치 미션(French Mission) 등으로 불리기도 한다.

4) 커피의 수확 및 가공

커피의 수확기는 두 차례로 주요 수확기는 10~12월이며, 전체 생산량의 약 60%를 수확하고, 2차 수확기는 6~8월로 약 40%를 수확한다.

핸드 피킹만으로 수확되며, 세척 방식으로 가공된다. 모든 가공 공정을 마친 생두는 수도인 나이로비에서 매주 화요일마다 열리는 옥션을 통해 가격이 결정되며, 수출은 몸바사(Mombasa)에서 이루어진다.

5) 커피의 등급 체계

커피는 생두의 크기에 따라 다음과 같이 분류된다.

등 급	크 기
AA	스크린 사이즈 17~18
AB	스크린 사이즈 15~16
C	스크린 사이즈 14~15
E	가공 과정 중 체리 안에 있는 두 개의 생두가 분리되었을 경우 'Ears'라고 부르며 large peaberry로 분류한다.
이하 등급	TT, T, UG 등급 등으로 분류된다.

about coffee

4. 탄자니아(Tanzania)

1) 지형과 기후

▶ 킬리만자로 산

www.wikipedia.com

국토 면적은 945,087km² 이다. 킬리만자로 산(Kilimanjaro Mt.)이 위치해 있는 북동부는 산악 지역이고, 우간다와 인접해 있는 북부에는 빅토리아 호(Lake of Victoria)와 아프리카에서 수심이 가장 깊은 탕가니카 호(Lake of Tanganyika)가 있으며, 중앙은 플래토이다. 동부 해안은 매우 덥고 습하며, 해안에서 조금 떨어진 잔지바르(Zanzibar) 섬도 탄자니아 영토에 해당된다.

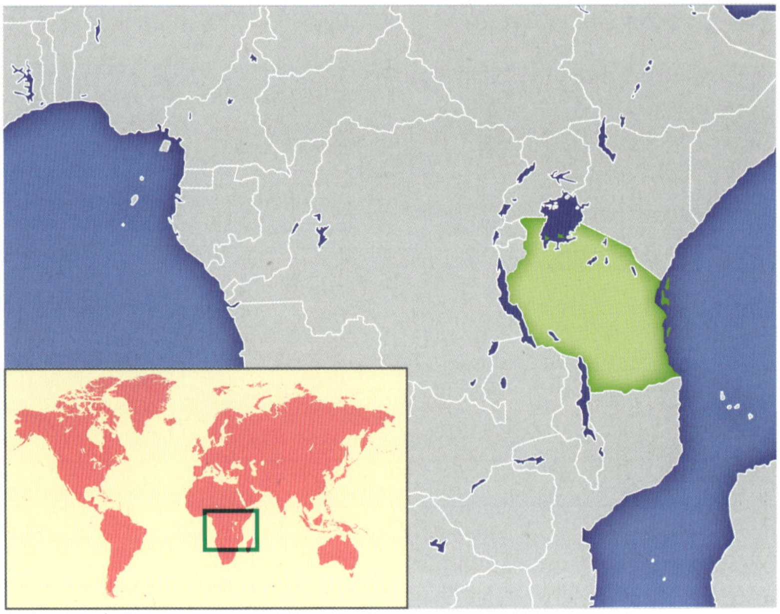

2) 커피 생산 지역

커피는 275,000헥타르에서 아라비카 75%, 로부스타 25%가량이 재배되고 있다. 아라비카종은 1893년 예수 전도단에 의해 버본, 블루마운틴, 타이피카가 유입되었고, 켄트종은 1920년 인도에서 들어왔다. 로부스타종은 17세기 초 콩고와 가봉에서 유입되었다.

전체 생산량의 90%가량은 소규모 농장에서, 나머지 10%는 대규모 농장에서 생산된다. 소작농들은 아라비카(자연 건조 방식, 세척 방식 모두

▶ 탄자니아 모시 지역의 커피 농장

▶ 커피 저장 공간

생산)와 로부스타를 모두 생산하는 반면, 대규모 농장에서는 아라비카만 생산하며 가공 방식도 세척 방식만을 고집한다. 대규모 농장에서 가공된 세척 방식 아라비카는 전체 아라비카 생산량의 1/4가량을 차지한다.

커피가 생산되는 지역을 로부스타, 자연 건조 방식 아라비카, 세척 방식 아라비카로 나누어 보면 다음과 같다.

품 종	생산 지역
로부스타	부오카(Buoka), 우삼바라(Usambara), 탕가 지역
자연 건조 방식 아라비카	부오카(Buoka)
세척 방식 아라비카	킬리만자로 산이 위치한 모시(Moshi)지역, 메루 산(Meru Mt.)이 위치한 아루샤(Arusha) 지역

생산된 커피는 Tanzanian Coffee Board와 Tanzanian Coffee Traders Association이 위치한 모시(Moshi) 지역의 경매에서 가격이 책정된 뒤 수도인 다르에스살람(Dar es Salaam) 항구나 탕가(Tanga)를 통해 수출된다.

※ 모시 지역의 커피는 키보(Kibo)라고 불리기도 하며, 유럽, 미국, 일본 등지에서 블랜드(blend)용으로 많이 이용된다.

▶ 인스턴트 커피를 파는 커피 코너

3) 커피의 수확

꽃이 피고 체리가 익는 시기는 아라비카와 로부스타가 약간 다르며, 따라서 수확 시기도 차이가 있다.

아라비카의 경우 꽃은 5~6월 사이에 피고, 10~12월에 체리가 익으며, 수확은 10월~다음해 2월 사이에 이루어진다.

로부스타는 9~10월 사이에 꽃이 피고, 이듬해 3~4월에 열매가 익으며, 수확은 6~12월 사이에 이루어진다.

4) 커피의 등급 체계

커피는 다음과 같은 체계에 따라 등급이 부여된다.

품 종	등급 체계	내 용
로부스타	FAQ	상급
	UG	Undergrade(하급, 등급 이하)
자연 건조 방식아라비카	FAQ	상급
	UG	Undergrade(하급, 등급 이하)
세척 방식 아라비카	AA	스크린 사이즈 16.5~18, 결점두 중 블랙빈이 없어야 하고, 생두는 푸른색을 띠어야 한다. 커핑시 잡미가 없고 맛이 균일해야 한다.
	A	
	AMEX	원래는 ICO(국제커피기구)에 가입하지 않은 국가의 커피 등급 체계 부여를 위해 만들어진 등급 중 하나였으나, 탄자니아에서 아직까지 존재한다. 스크린 사이즈가 A와 동일하나 맛이 균일하거나 깔끔한지에 대해서는 정확한 판단 기준을 가지고 있지 않다. 50kg을 기준으로 약 3~4달러 정도가 저렴하다.
	B	스크린 사이즈 14.5~15.5
	C	
	PB	피베리
	저품질	E, AF, TT, T, F, HP로 분류한다.

▶ 잔지바르의 커피 전문점

▶ 커피 분쇄기

▶ 커피하우스

about coffee

5. 브라질(Brazil)

1) 지형과 기후

브라질은 남아메리카 대륙의 약 50%를 차지하는 광대한 영토를 가진 나라로, 총 면적은 8,511,965km²이다.

지형학적으로 북부의 아마존 강 유역은 해발 250m 미만의 저지대이

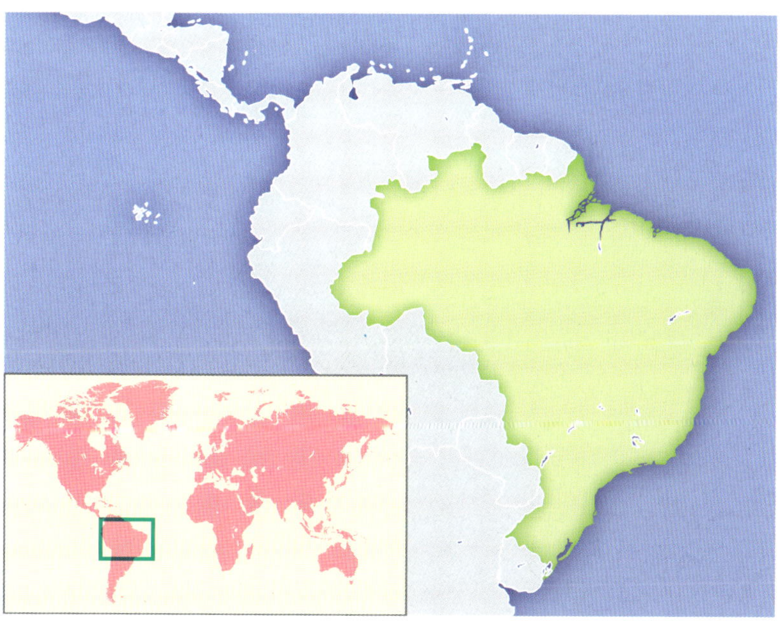

나, 남부 브라질 고원은 평균 해발 1,000m이며, 2,700m가 넘는 높은 봉우리와 험난한 산들도 있다.

넓은 국토를 가진 나라답게 구릉 지대, 열대 우림 지대, 사바나 지대, 바다를 끼고 있는 해안가 지대 등 다양한 지형을 포함하고 있다.

기후는 지역에 따라 조금씩 달라서 열대 기후 지역, 아열대 기후 지역, 반 건조 기후 지역 등으로 나눌 수 있다.

2) 커피 재배 지역

브라질은 26개의 주(state)로 이루어져 있다. 커피는 13개 주에서 생산되며, 그 중 바이아(Bahia), 미나스제라이스(Minas Gerais), 상파울루(São Paulo), 파라나(Parana) 등 4개 주에서 전체 생산량의 약 88%에 해당하는 커피를 생산하고 있다.

경작지는 약 3,480,000헥타르, 커피 농장의 수는 약 230,000개이며, 세계 커피 생산량의 약 25%가 생산된다.

아라비카종과 로부스타종의 생산 비율은 각각 85%, 15% 정도이다.

(1) 바이아 주

주요 생산지는 차파다(Chapada)로, 체리 가공시 자연 건조 방식과 세척 방식이 이용된다. 브라질 유일의 세척 방식을 이용한 커피 생산지라는 점이 주목할 만하다. 생산량은 해마다 조금씩 늘고 있으나 아직까지 수출량은 많지 않다.

(2) 미나스제라이스 주

주요 생산 지역은 조나다마타(Zona da Mata), 술데미나스(Sul De Minas)이다. 조나다마타에서 생산되는 커피는 'Strictly soft'급(커피의 등급 체계 참조)으로 부드럽고 향이 풍부한 것이 특징이다.

술데미나스는 브라질 커피 생산의 핵심 지역으로 가장 많은 양이 생산되며, 이파네마(Ipanema), 몬테알레그레(Monte Alegre)와 같은 대규모 농장들이 자리한다.

한편 동부에 위치한 세라도(Cerrado)는 떠오르는 신흥 커피 생산지로 저지대이며 반건조 기후대에 속한다.

(3) 상파울루 주

모지아나(Mogiana), 파울리스타(Paulista), 아라라콰렌스(Araraquarense) 등을 포함한 12개의 커피 생산 지역이 있다.

이 중 모지아나는 술데미나스와 더불어 핵심 생산 지역이다.

(4) 파라나 주

론드리나(Londrina)를 중심으로 서부와 동부로 나뉘는데, 동부는 역사가 오래된 구재배지, 서부는 새롭게 커피 재배가 시작되는 신재배지로 구분된다. 두 지역의 커피를 비교해 보면, 신재배지의 것이 품질면에서도 뛰어나며 생두의 크기도 조금 더 크다.

그러나 구재배지의 농장주들은 너무 낮게 책정되는 커피 가격으로 인해 오래된 나무를 뽑고 어린 묘목으로 교체한다거나 농장을 새롭게 가꾸어 갈 의욕을 상실해 버린 상태이다.

Tip ▶재배 시 문제점

평균 3년에 한 번씩 피해를 주는 서리와 심한 가뭄, 브로카(Broca)와 헤밀레이아 바스타트릭스(Hemileia Vastatrix, 녹병)와 같은 여러 가지 병들이다.

상파울루, 파라나, 술데미나스 지역에 겨울인 5~8월에 서리가 내려 심각한 피해가 있었고, 가뭄도 1964년과 1965년, 1985년에 큰 피해를 주어 손해를 입힌 바 있다.

3) 커피 품종

브라질에서 재배하는 아라비카 생두의 품종은 과거 버본, 타이피카, 문도 노보, 수마트라, 카투아이 아마렐로, 카투아이 버멜료, 마라고지페 등이 주를 이루었다. 그러나 최근에는 카티모르도 많이 재배되고 있다.

로부스타종은 주로 코닐론(Conilon)이 재배된다.

4) 체리의 수확

커피 꽃이 피는 시기는 10월~12월이며, 수확은 6월부터 시작된다.

체리의 수확은 주로 메커니컬 피킹(Mechanical Picking) 방식이 이용된다. 브라질 커피가 저급으로 분류되는 이유 중 하나도 메커니컬 피킹 때문이다. 그러나 브라질에서도 일부 스페셜티급 커피 생산을 위해, 잘 익은 체리만을 선별하여 수확하는 핸드 피킹(Hand Picking)을 이용하기도 한다.

5) 체리 가공 방식

체리를 가공하는 방식은 자연 건조 방식, 세척 방식, 펄프드 내추럴 방식(Pulped Natural), 세미 워시드(Semi-washed) 방식의 4가지가 주로 사용된다. 특히 브라질은 자연 건조 방식을 이용하는 몇 안 되는 국가 중 하나이다.

자연 건조 방식으로 가공하게 되면 과육의 당분 성분이 생두에 배어들어 단맛과 Body감을 높여 준다는 장점이 있다. 그러나 생두가 체리 안에서 건조되기 때문에 정상적인 건조 과정을 거치지 못하면 썩기 쉽다. 특히 부패시 미생물이 침투하게 되면 발효된 맛이 나기도 한다.

브라질 커피의 등급 평가 기준 중 하나인 '맛'에 의한 분류시, 가장 저급으로 평가되는 리오(Rio)는 자연 건조 방식을 채택했을 때 건조 과정이 제대로 이루어지지 않아 생기는 암모니아 향과 맛의 커피를 일컫는다.

6) 커피의 등급 체계

커피의 등급 분류는 다음과 같이 4가지의 기준에 따라 이루어진다.

첫째, 결점두 수에 의한 분류이다.

일반적으로 샘플 300g을 기준으로 다음과 같이 결점두가 몇 개 섞여 있는가에 따라 분류한다.

Type No.	브라질	뉴 욕	프랑스
2	결점 4	결점 6	결점 8
2/3	결점 8	결점 9	결점 12.5
3	결점 12	결점 13	결점 17
3/4	결점 19	결점 21	결점 23.5
4	결점 26	결점 30	결점 30
4/5	결점 36	결점 45	결점 58.5
5	결점 46	결점 60	결점 87
5/6	결점 64		결점 123
6	결점 86		결점 158

Tip ▶Brazil Santos No.2

'Brazil Santos No.2' 라고 표기되어 있는 커피를 본 경험이 있을 것이다.

산투스(Santos)는 커피가 수출되는 항구명으로, 일반적으로 상파울루, 미나스제라이스, 파라나에서 생산된 생두가 혼합되어 수출된다. 'No.2'는 결점두 4개 이하로 고품질의 커피를 의미한다.

둘째, 생두 크기에 의한 분류이다.

분 류	내 용
Screen 20	Very Large Been
Screen 19	Extra Large Bean
Screen 18	Large Bean
Screen 17	Bold Bean
Screen 16	Good Bean
Screen 15	Medium Bean
Screen 14/13	Small Bean

셋째, 생두 색깔에 의한 분류이다.

분 류	내 용
Green	갓 수확했을 때
Greenish	약 1년 간
Light Green	
Lightish	
Yellowish	1년 경과했을 때
Yellow	1년 이상
Even Color	
Irregular Color	수분 함량이 서로 다를 때

넷째, 맛에 의한 분류이다.

분 류	내 용
Strictly Soft	매우 부드럽고 단맛이 느껴짐(very mild, sweet)
Soft	부드럽고 단맛이 느껴짐(mild sweet)
Softish	약간 부드러움(slightly mald)
Hard, Hardish	거친 맛이 느껴짐
Rioy	발효된 맛이 느껴짐
Rio	암모니아 향, 발효된 맛이 느껴짐

7) 고급 아라비카 커피로의 이미지 쇄신을 위한 노력

기존의 브라질 커피 이미지는 '저급 아라비카'이며, 단종으로 사용되기보다는 에스프레소 블렌딩시 풍성한 크레마와 Body를 얻기 위해 이용되어 왔었다. 그 이유는 다음과 같다.

커피가 주로 생산되는 남서부는 휘록암(輝綠岩) · 현무암류(玄武岩類)가 적색(赤色) 풍화 과정을 밟아 생성된 테라록사 토양이다. 커피 재배에 유리한 조건으로 작용하는 테라록사 토양이 광대한 지역에 걸쳐 펼쳐져 있어 많은 양의 커피가 생산될 수 있는 것이다. 그러나 1,500m 이상의 높은 고지대에서 생산되는 중남미와 동아프리카의 여러 나라들과는 달리, 200~800m의 저지대에서 생산되므로 고품질로 평가되지는 않는다. 저지대에서 생산된 커피는 Acidity가 떨어지며, 그 지역만의 독특한 개성을 갖지 못한다는 문제점을 갖고 있기 때문이다.

그러나 브라질 스페셜티 커피 협회(Brazil Specialty Coffee Association)가 1991년 발족되었고, 고급 스페셜티 커피를 생산하여 '저급'이라는 이미지를 탈피하고자 노력이 이어지고 있다. 브라질에서는 고급에서부터 저급까지 다양한 커피가 생산되고 있다. 그러나 대부분의 농장은 저지대에 위치하고 커피 재배에 이상적인 화산암 토양도 아니므로 현재도 저급의 아라비카를 주로 생산하고 있는 실정이다.

▶ Brazil Specialty Coffee Association 로고

BRAZIL SPECIALTY COFFEE ASSOCIATION

▶ 과거 커피 재배 기록 사진

www.gosouthamerica.about.com

about coffee

6. 콜롬비아(Colombia)

1) 지형과 기후

국토 면적은 1,141,568km², 정식 명칭은 콜롬비아 공화국(Republic of Colombia)이며, 수도는 보고타(Bogota)이다. 환태평양 지진대에 속해 있어 잦은 지진과 화산 폭발을 경험할 수 있다.

지형은 매우 복잡하나 크게 북서부 고지대와 남동부 저지대로 구별된다.

북서부의 고지대는 안데스 산계(山系)에 속하며 바우도 산맥, 옥시덴탈 산맥, 센트랄 산맥, 오리엔탈 산맥 등 4개의 습곡 산맥으로 이루어져 있다. 센트랄 산맥은 해발 고도 5,000m 이상으로 만년설(萬年雪)로 뒤덮여 있다.

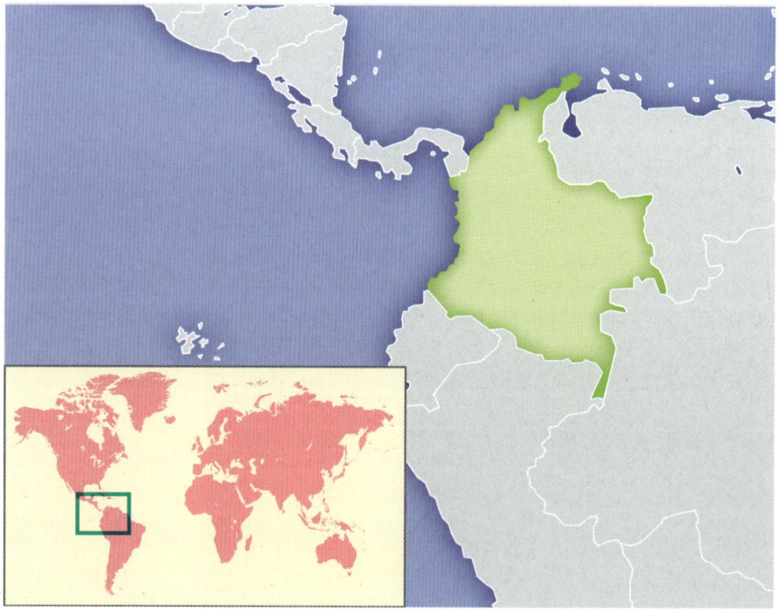

남동부 저지대는 결정질 암석이나 용암 대지가 도처에 분포한다.

콜롬비아는 적도를 중심으로 남위 4°에서 북위 12° 사이에 위치하여 열대 기후에 해당되나 고도에 따라 크게 4개 지역으로 구분된다. 먼저 해안과 평야는 고온 다습한 전형적 열대 우림 기후이다. 해발 고도 1,000~1,500m의 지역은 평균 기온 20℃ 내외의 아열대성 기후이며, 2,000m를 넘으면 14~15°C의 온화한 기후로 매우 쾌적하고, 연강수량도 1,000mm 내외이다. 한편 해발 고도 3,000m의 고지는 일교차가 커서 밤에는 춥기까지 하다.

2) 커피 재배 지역

커피는 약 1,100,000헥타르에서 생산되며, 이 중 63%는 현대식 시설에서, 37%는 재래 방식으로 재배되고 있다.

커피나무는 800~1,900m 사이에서 재배되는데, 생산 지역을 안데스 산맥의 중심부 · 동부 · 서부로 나누어 보면 다음과 같다.

품 종	생산지	전체 생산량에서 차지하는 비율	상업적으로 판매되는 이름
안데스 산맥의 중심부	안티오퀴아(Antioquia)	18%	메델린(Medellin), 아르메니아(Armenia)
	톨리마(Tolima)	소량	마니잘레스(Manizales) 톨리마(Tolima) 리바노(Libano)
	비에조 칼다스 (Viejo Caldas)	29%	칼다스(Caldas) 퀸디오(Quindio) 리사랄다(Risaralda)
	카우카(Cauca)	4%	카우카(Cauca) 포파얀(Popayan)
	후일라(Huila)	5%	네이바(Neiva) 나리노(Narino) 산어거스틴(San Augustin)
	볼리바(Boliva)	소량	
	코르도바(Cordoba)		
동 부	체사르(Cesar)	소량	
	쿤디나마르카 (Cundinamarca)		지라르도트(Girardot) 혼다(Honda) 보고타(Bogota)
	산탄데르(Santander)		오카나(Ocana) 부카라망가(Bucaramanga)
	노르테드산탄데르 (Norte de Santander)	3%	쿠엔테(Cuente) 코쿠타(Cocuta)
	보야카(Boyaca)		
	마그달레나(Magdalena)	소량	산타마르타(Santa Marta)
	메타(Meta)		
	구아지라(Guajira)		
서 부	발레(Valle)	13%	세빌라(Sevilla)
	초코(Choco)	13%	쿰브레(Cumbre) 칼리(Cali)

3) 커피 재배와 수확

일반적으로 바나나 나무를 같이 심어 그늘을 드리우는 셰이드 그론(Shade-grown) 커피를 생산하는데, 현대식 농장에서는 약 50%가량, 재래식 농장에서는 100%가 이 방식을 채택하고 있다.

커피 수확은 일 년에 두 번 이루어진다. 주 수확기는 10~2월로, 꽃이 10월에 피고, 체리는 그 다음 해 4~6월에 익으며, 수확은 같은 해 10~12월에 이루어진다. 2차 수확기는 4~6월로, 꽃은 전 해 10월에 피고, 열매는 11~12월에 익는다.

주 수확기에 55%, 2차에 23%가 수확된다.

4) 커피의 등급 체계

생두의 크기에 따라 등급이 정해지는데, 다음과 같다.

등 급	내 용
마라고지페 (Maragogype)	일반 생두에 비해 비정상적으로 큰 생두로 Elephant bean이라고 불리기도 한다. 비싼 가격에 거래됨에도 불구하고 경제성이 떨어져 현재는 많이 재배되고 있지 않으며, 수명이 다한 나무들은 보통 커피나무들로 대체되고 있다.
수프리모(Supremo)	스크린 사이즈 17 이상
엑셀소(Excelso)	스크린 사이즈 15~17
U.G.O(Usual Good Quality) 이하 등급	스크린 사이즈 14 이하

5) 생산 현황

콜롬비아에 커피가 유입된 것은 1800년대 초반이며, 상업적으로 판매하기 위하여 재배를 시작한 것은 1835년, 살라자르 데라스 팔마(Salazar de Las Palmas)와 노르테데산탄데르(Norte de Santander)에서부터였다. 현재 주로 재배되는 품종은 버본, 타이피카, 카투라, 마라고지페이며,

▶ 후안 발데즈

티모르와 카투라의 교배종인 콜롬비아종도 약 25%가량 생산된다.

1999년 대지진으로 인해 아르메니아를 포함한 주요 커피 산지가 큰 피해를 입었으나 빠른 복구를 통해 회복되었으며, 현재는 전세계 커피 생산량의 약 12%를 생산한다. 생산량의 약 75%는 수출되는데 Federación Nacional de Cafeteros de Colombia라는 연합에 의해 생산과 수출이 관리되고 있다. Federación Nacional de Cafeteros de Colombia(약칭 FNC)는 1927년 콜롬비아 커피 농부들의 권익 향상을 위해 설립되었다. Cafeteros는 커피를 생산하는 농부를 지칭한다.

FNC에 가입한 농부의 수는 약 50만 명 정도이며 이들에 의해 협회가 운영되고 있다. FNC가 하는 대표적인 업무는 가입되어 있는 농부들이 수확한 커피를 수매하여 국내와 해외에 판매 대행하는 일이며, 매년 수매가격이 변동되어 농부들이 손해를 보는 일이 발생하지 않도록 가격도 조절한다.

한편 단위 면적당 생산량을 늘리기 위하여 농부들을 대상으로 커피 농법을 교육하고, 커피 생산 지역에 학교를 세워 아이들에게 교육을 받을 수 있는 기회를 제공하며, 도로를 놓고 병원을 세우는 일도 한다. 또한 커피를 전문적으로 연구할 수 있는 센터를 설립하여 이 곳에서 100여 명 이상의 과학자들이 생산량 증가와 여러 질병에 저항력이 강한 품종을 개발하기 위해 고분분투 중이다.

위의 로고는 뒤 배경이 안데스 산맥이며, 안데스 산맥 지역에서 커피 운송 수단으로 사용되는 당나귀와 농부인 가상 인물 후안 발데즈(Juan Valdez) 아저씨가 앞쪽에 자리하여 친근감이 느껴지도록 표현되었다.

about coffee

7. 코스타리카(Costa Rica)

1) 지형과 기후

코스타리카는 북미 대륙과 남미 대륙을 연결하는 가교인 중미에 남북으로 길게 위치해 있으며, 국토의 면적은 약 50,900km²에 이른다. 국토의 중앙에는 높은 산맥이 있는데, 고도가 가장 높은 지점은 세로 치리포(Cerro Chirripó)로 약 3,820m에 이른다. 국토의 오른쪽 바나는 대서양, 왼쪽은 태평양으로, 중앙에 위치한 높은 산맥으로 인해 기후가 서로 다르다.

태평양 연안 해변의 총 길이는 1,103km이고, 연평균 강수량 1,800~2,500mm의 열대 기후이다. 반면 대서양 연안은 255km로 해안선이 단조롭고, 연 강수량 4,000mm로 연중 비가 내려 북쪽 지역은 다습한 늪지이다.

2) 커피 재배 지역

커피 재배 면적은 약 115,000헥타르로 100% 아라비카만을 재배하고 로부스타 재배는 법으로 금하고 있다. 재배되는 품종은 문도노보, 카투라, 카투아이, 카티모르 종이다.

태평양과 대서양이 바라보이는 산에는 대단위의 커피 농장이 자리하고 있는데, 다음과 같이 7개의 지역으로 나눌 수 있다. 태평양 쪽의 커피가 대서양 쪽의 커피보다 품질이 우수하다는 평을 받고 있기는 하나, 대서양 연안 지역과 태평양 지역의 기후와 고도는 판이하게 다르므로, 각 지역에서 생산된 커피는 독특한 맛과 향을 지닌다.

자연 건조 방식은 거의 사용되지 않으며, 주로 세미 워시드 방식이 많이 사용된다.

(1) 타라주(Tarrazu)

'타라주'는 코스타리카 중앙 지역에 살던 후에탈(Huetar) 인디언들의 언어에서 유래되었다. 우리나라에서도 흔히 맛볼 수 있는 타라주 커피는 태평양 연안 지역 로스산토스(Los Santos)에서 생산되며, 재배 고도는 약 1,200~1,700m 가량 된다.

이 지역은 건기와 우기가 뚜렷하여 우기 중의 강우량은 약 2,000mm이며 평균 습도는 84%이다. 한편 건기 중에는 강한 햇볕이 내리쬔다.

연평균 기온은 19℃로 온화하며 체리의 수확 시기는 12월~다음 해 3월이고, 생산된 커피의 Acidity, Body, Aroma는 매우 뛰어나다고 평가된다.

▶ 타라주 지역의 커피 농장

(2) 브룬카(Brunca)

코스타리카에서 가장 높은 탈라만카(Talamanca) 산맥 기슭에서 생산된 커피로 이 지역의 고도는 800~1,200m이며, 태평양 연안에 가깝다.

커피의 재배는 과거부터 거주해 오던 브룬카 인디언들에 의해 이루어지고 있다. 연평균 강우량은 3,750~4,200mm, 습도는 88%이며 평균 온도는 21.5℃ 정도이다. 체리의 수확 시기는 8월~다음 해 1월이며, 생산된 커피의 Acidity, body, Aroma는 중간 정도이다.

(3) 오로시(Orosi)

국토의 오른쪽에 위치한 대서양 연안과 중앙 계곡 사이에 있는 오로시 계곡에서 생산된 커피이다. 기름진 토양, 온화한 기후, 연평균 강우량 2,250mm 등 커피 재배에 이상적인 조건을 갖추고 있어 Acidity, Body, Aroma가 모두 뛰어나다고 평가받고 있다. 커피의 수확은 9월~다음 해 2월 사이에 이루어진다.

▶ 브룬가 지역의 커피 농장

(4) 트레스 리오(Tres Rios)

이라주(Irazu) 화산 부근에서 생산된 커피로, 지표 내부에 내재해 있는 용암에서 기인된 향이 생두에 배어 있으며, 와인에 비유하자면 묵직한 Body를 자랑하는 보르도 지방 와인과 유사하다고 할 수 있다.

태평양 연안 부근에 위치하며, 건기와 우기가 뚜렷하고, 연평균 강우량은 2,250mm, 재배 고도는 1,200~1,650m이다. 커피의 수확은 12월~다음 해 3월 중순에 이루어지며, 생산된 커피의 Acidity, Body, Aroma는 매우 뛰어나다.

▶ 투리알바의 커피 농장

(5) 투리알바(Turrialba)

코스타리카 사람들은 투리알바를 '시인의 땅', 생산된 커피의 향기를 '한 편의 시'라고 평가한다.

태평양 연안 지역에서 가까우며 다른 지역에 비해 건기가 길므로 생산된 생두는 그리 단단하지 못하나 크기는 큰 편이다.

평균 기온 22℃, 재배 고도는 600~900m이며, 커피의 수확은 7월~12월에 이루어진다.

생산된 커피의 Acidity는 중간이고 Body는 약하나 Aroma는 좋은 편이다.

(6) 발레 옥시덴탈(Valle Occidental)

토속 민예품과 예술품 등을 많이 생산하는 지역으로도 잘 알려져 있다. 커피 재배에 이상적인 조건인 토양, 기후 등을 갖추고 있다. 특히 우기와 건기가 뚜렷하게 구분되는데, 건기가 시작되는 10월에 체리를 수확하여 건기 내내 말리고, 우기가 시작되는 시점에 껍질을 제거한다. 재배 고도는 1,000~1,600m이며, 생산된 커피는 Acidity, Aroma가 특히 좋은데, Aroma에서 복숭아 향기를 느낄 수 있다고 한다.

(7) 발레 첸트랄(Valle Central)

코스타리카에서 가장 처음 커피가 재배되기 시작한 중앙 계곡에서 생산된 커피이다. 중앙 계곡에는 포아스(Poás)와 바르바(Barva)의 두 화산지대가 있으며, 이 자연 조건이 커피 생산에 긍정적인 영향을 미치는 조건으로 작용한다.

평균 기온 19°C, 재배 고도는 1,200~1,600m이며, 생산된 커피는 Chocolaty한 Flavor가 인상적이다.

3) 커피의 등급 체계

가공을 마친 커피는 다음과 같은 체계에 의해 등급이 결정된다.

Tip ▶ ICAFE(Instituto Del Cafe de Costa Rica)

ICAFE의 시초는 1933년 법에 의해 설립된 Instituto de Defensa del Café에서부터이다. 국가적인 차원에서 커피 생산의 활성화를 위해 만들어졌으며, 그 후 국가 기관으로 편입되었다가 1997년 민영 기업으로 독립하였다.

커피 생산자와 가공업자, 수출업자, 로스터 등의 권익 보호와 이해 관계 조절 등의 업무를 담당하고 있다(www.icafe.go.cr).

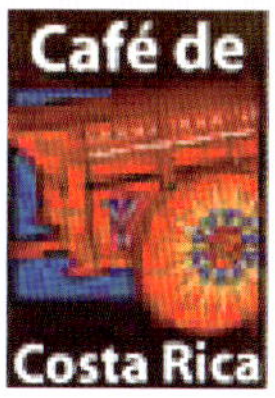

4) 커피의 유입

1779년 쿠바에서 처음 묘목이 들어왔으나, 실제로 커피가 재배되기 시작한 것은 10여 년 뒤의 일이다. 이후 1820년에는 콜롬비아로, 1823년에는 칠레로 수출하기 시작했으나, 칠레에서 'Cafe Chileno de Valparaiso'라는 이름을 달아 칠레산 제품으로 영국에 수출하는 일이 발생한다. 이에 코스타리카에서는 1845년 영국인 선장 라쉐 리옹(Lacher Lyon)의 도움을 받아 'Grain of Gold'라는 상표 하에 영국으로 직수출을 시도한다.

코스타리카는 커피 생산의 시작으로 말미암아 식민지 시절 침체되어 있던 나라 전체의 분위기가 활기를 띠기 시작하였다. 현재는 인구의 10%가 커피 산업에 종사하고 있고, 제1의 자원으로 전체 수출량의 25%를 차지한다.

▶ 커피 추출 기구

about coffee

8. 과테말라(Guatemala)

1) 지형과 기후

바다와 인접한 남서부 해안과 북부 페텐(Peten)의 저지대만을 제외하고는 대부분이 높은 산맥으로 이루어져 있다. 과테말라는 동쪽 끝에서 서쪽 끝을 가로지르는 두 개의 거대한 산맥으로 크게 3개의 지역으로 구분된다.

① 중앙 산간 지대
② 남서부 해안과 인접한 남부 산악 지대
③ 북부 페텐 부근의 산악 지대

국토의 총 면적은 108,000m^{2}로 넓지는 않으나, 기후는 지역에 따라 매우 다양하게 나타난다.

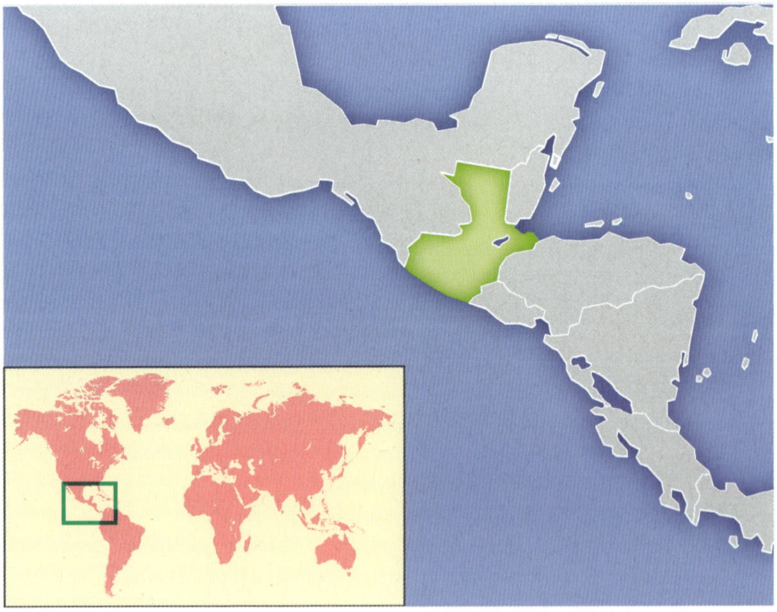

2) 커피 재배 지역

주로 재배되는 커피 품종은 버본, 아라비카, 타이피카, 마라고지페 등으로 약 1750년에 유입되었으며, 현재는 280,000여 헥타르에서 생산되고 있다.

주요 커피 생산지는 7곳으로 다음과 같은데, 지역에 따라 토질, 강수량, 고도, 평균 기온은 다르다.

(1) 안티구아(Antigua)

안티구아는 3개의 용암 분출구가 있는 계곡에 위치하고 있으며, 건기와 우기가 뚜렷하다. 기후 조건은 평균 기온 19~22℃, 고도 1,400~1,700m, 강우량 800~1,200mm 정도로, 커피 재배에 있어서 최적의 조건을 지녔다 해도 과언이 아니다.

이 지역에서 생산된 커피는 벨벳과 같은 느낌을 주는 풍부한 Body, Smoky하고 톡 쏘는 듯한 느낌의 강한 Aroma와 좋은 Acidity가 특징이며, 전세계적으로도 최상급 커피 중 하나로 인정받고 있다. 버본, 카두라, 카투아이 종이 주로 재배되며, 수확은 1~3월 중순에 이루어진다.

(2) 프라이자네스 플래토(Fraijanes Plateau)

칼슘 성분이 풍부한 화산재 토양으로, 이 지역의 커피는 Body가 매우 풍성한 것이 특징이다. 재배 고도는 1,200~1,500m, 평균 기온 22℃ 이며, 강우량은 1,500mm, 습도는 60%에 이른다. 이와 같은 기후 조건은 SHB급의 커피(최상급의 커피) 생산을 가능케 하고 있다.

커피 맛은 안티구아 커피와 매우 유사하다.

(3) 열대 우림의 코반(Rainforest Coban)

과테말라 북부에 위치하고 있으며, 매우 습한 준열대 우림 기후를 나타낸다. 기온은 북쪽에서 불어오는 바람에 의해 달라지는데, 15~23℃로 편차가 큰 편이다.

강수량은 3,000~3,500mm로 일 년 내내 고르게 많은 양의 비가 내리며, 평균 습도는 약 95%이다. 토양은 석회암이고, 재배 고도는 1,310~1,520m이며, 버본, 마라고지페, 카투아이, 카투라, 파체 종이 주로 재배된다. 수확은 12월~다음 해 3월에 이루어진다.

중간 정도의 Body, 강하지 않은 Acidity, 과일과 같은 Flavor가 특징이며, 전체적으로 매우 부드러운 커피로 평가받고 있다.

(4) 고지대 훼훼테낭고(Highland Huehuetenango)

멕시코 국경과 인접해 있는 지역으로, 고도는 약 3,600m이다. 커피 재배는 1,520~1,830m에서 이루어지며, 강수량은 1,800mm이다. 건조하고 뜨거운 바람이 멕시코의 테우안테펙(Tehuantepec) 고원으로부터 불어와 23℃의 기온을 유지시켜 준다. 버본, 카투라, 카투아이 품종이 주로 재배되며, 수확은 1~4월 사이에 이루어진다.

(5) 아티틀란(Atitlan)

아티틀란 호(Lake of Atitlan)에 둘러싸인 지역으로, 유기농 방식에 의해 커피를 재배하고 있다. 호수의 물을 이용하여 세척하며, 햇빛이 매우 좋아 기계 건조 방식은 거의 사용하지 않는다.

커피 재배는 대부분 소작농들에 의해 12헥타르 미만에서 이루어지며,

버본만을 생산한다. 수확기는 12월~다음 해 3월이며, 강한 Acidity와 풍성한 Body가 특징이다.

(6) 화산 지대 산마르코스(Volcan San Marcos)

커피를 생산하는 지역 중 가장 덥고 강우량이 많은 지역이다. 꽃이 가장 빨리 피는 지역이며, 재배 고도는 1,400~1,830m, 강수량은 4,000~5,000mm가량이다. 수확은 12월~다음 해 3월에 이루어진다.

(7) 오리엔테(Oriente)

화산 지대에 속해 있으며, 토양은 변성암이고, 기후는 코반과 비슷하다.

커피는 1,310~1,680m에서 재배되며, 평균 기온은 18~25℃, 강우량은 1,800~2,000mm가량 된다. 버본, 카투아이, 카투라, 파체 종이 주로 재배되며, Acidity와 Body가 좋은 것으로 평가받는다. 수확은 12월~다음 해 3월에 이루어진다.

3) 커피의 등급 체계

커피는 재배 고도에 따라 다음과 같이 등급이 책정된다.

등 급	고 도	약 칭
Good Washed	700m	
Extra Good Washed	700~850m	
Prime Washed	850~1,000m	
Extra Prime Washed	1,000~1,200m	
Semi Hard Bean	1,200~1,350m	SH
Hard Bean	1,350~1,500m	HB
Fancy Hard Bean	1,500~1,600m	
Strictly Hard Bean	1,600~1,700m	SHB

이 등급 외에도 트레스마리아스(Tres Marias)나 안티구아 아카테(Antigua Acate) 등과 같은 등급을 붙여서 판매하는 경우도 있고, 코반에서 생산되는 마라고지페의 경우에는 Good Washed, Prime Washed, Superior 등급을 따로 부여하기도 한다.

about coffee

9. 인도네시아(Indonesia)

1) 지형과 기후

인도네시아는 약 17,500여 개의 섬들로 이루어져 있다. 섬들은 적도를 기준으로 위와 아래에 흩어져 있다.

환태평양 조산대에 위치하고 있어 현재도 150여 개의 활화산이 있으며, 잦은 지진을 경험하곤 한다.

역사적으로 막대한 지진 피해가 있기는 했으나, 화산 활동에 의해 생성된 화산재는 농작물을 경작하는 데 긍정적인 영향을 주었다. 따라서 현재

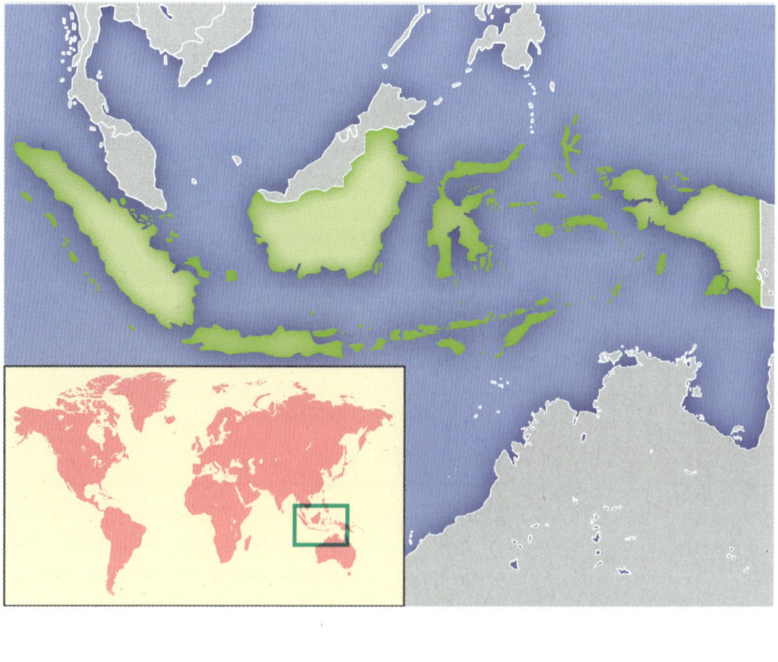

자바나 발리의 인구 밀도는 꽤 높은 편이다.

적도에 위치하여 열대 기후를 나타내고, 건기와 우기가 뚜렷하며, 연평균 기온은 26~30℃, 강우량은 1,780~3,175mm가량이다.

2) 커피 재배 지역

생산되는 커피의 약 90%는 로부스타이고, 나머지 10%만이 아라비카이다. 인도네시아는 로부스타 생산 제1위 국가이며, 전체 생산의 7% 정도를 담당한다.

아라비카를 10%밖에 생산하지 않으나, 품질에 있어서는 그 어떤 커피에도 뒤지지 않는 독특함과 개성이 있어 고품질의 커피로 평가받는다.

아라비카 생산 지역을 중심으로 살펴보면 다음과 같다.

(1) 수마트라 섬(Sumatra)

① 린통(Lintong)과 만델링(Mandheling)

수마트라 북부에서 생산되는 커피는 린통과 만델링이다. 린통은 린통니후타(Lintongnihuta) 지역에 자리한 토바 호(Lake of Toba) 남서쪽의 작은 마을에서 생산된 커피를 가리킨다. 마을은 고도가 높은 플래토이며, 커피는 소작농들에 의해 유기농으로 재배되나 그늘 재배는 아니다.

만델링은 린통보다는 좀 더 여러 지역에서 생산된 커피를 통칭하는 것으로, 린통뿐만 아니라 토바 호 북쪽에서 생산된 커피들도 만델링이라는 이름을 달고 판매되고 있다.

특별한 것은 이 지역만의 체리 가공 방식이다. 체리를 수확하면 즉시 껍질을 벗기기 위해 기계에 넣는다. 기계는 나무와 자전거 부속물, 여러 금속들을 모아 만든 것으로, 고가(高價)의 기계들과 비교했을 때는 형편없고 좀 우스꽝스러워 보이기까지 하나, 이 지역에서는 매우 유용하게 사용된다. 껍질을 벗기고 나면 파치먼트 위에 과육이 그대로 달라붙어 있게 된다. 이 상태에서 플라스틱 통에 넣고 밤새도록 발효시키는데, 아침이 되면 과육이 파치먼트와 밀착되지 않고 살짝 들뜬다. 이 때 손으로 과육을 제거시키는 것이다.

다음은 건조 단계로, 먼저 생산자의 뜰에서 1차 건조를 한 뒤 중간 상인의 창고로 가져가 파치먼트를 제거하고 다시 한 번 건조한다. 마지막으로, 수출 항구인 메단(Medan)으로 가져가 3차 건조가 이루어지게 된다.

② 아체(Aceh)

다른 하나는 수마트라 가장 북쪽 끝, 타와 호(Lake of Tawar)에 둘러싸인 타켄곤(Takengon)에서 생산되는 아체(Aceh)이다. 그늘 재배와 유기농법으로 생산되며, 체리 가공 방식은 린통이나 만델링에서 사용되는 방식을 일부 따르고 있으나, 대부분은 타켄곤 근처에 있는 가공 공장에서 이루어진다. 모든 공정은 세척 방식으로 국제 표준에 따라 엄격하게 행해지며 이 곳에서 생산된 커피는 '가요 마운틴(Gayo Mountain)'이라는 상표

▶ 커피 하우스

▶ 길거리 커피숍

명으로 판매된다. 세척 방식과 세미 드라이 방식 모두를 써서 생산한다.

수마트라에서 생산되는 커피는 인도네시아 전체 커피 생산량의 약 65%를 차지한다.

▶ 원두 판매 시장

(2) 자바(Java)

네덜란드 식민 통치자에 의해 처음 커피가 재배된 곳은 자카르타로, 녹병에 의해 농장들이 큰 피해를 입기 전까지 자바는 세계의 커피 생산을 주도해 왔다. 그러나 녹병으로 인해 커피는 로부스타종으로 대체되었다. 독립 후 인도네시아 정부의 지원하에 초기부터 커피를 재배하던 몇몇 농장을 중심으로 다시 아라비카종을 이식하여 생산하고 있다.

모든 공정은 세척 방식에 의해 이루어지므로, 수마트라나 술라웨시에서 생산된 커피에 비해 깔끔한 맛을 느낄 수 있다고 평가받는다. 생산량은 인도네시아 총 생산량 중 약 17%를 차지한다.

한편 자바는 '올드 자바(Old Java)'의 생산으로도 유명한데, 수확한 생두를 창고에서 약 2~3년 정도 숙성시키면 원래 색깔인 푸른빛에서 옅은 갈색빛으로 변한다. 또한 Acidity는 낮아지나 Body가 강해지고, 톡 쏘는 듯한 맛을 느낄 수 있게 된다.

(3) 술라웨시(Sulawesi)

술라웨시의 옛 이름은 셀레베스(Celebes)이다. 커피가 생산되는 지역은 섬의 남서부이며, 재배 종족명에서 빌려온 토라자(Toraja) 또는 지역 이름과 동일한 칼로시(Kalossi)라는 이름하에 판매되고 있다. 카라멜 향의 Aroma, 비교적 낮은 Acidity, 풍부한 Body, 깔끔한 Aftertaste를 느낄 수 있다.

고도는 1,500m 이상으로 매우 높고, 생산 방식도 열악하여 1헥타르당 300kg밖에 안 되는 적은 양을 생산하고 있으나, 맛과 향에 있어서만큼은 어느 커피에도 뒤지지 않는다. 따라서 전세계 커피 애호가들이 꼭 구하고 싶은 커피로 꼽히며, 특히 일본에서 큰 인기를 누리고 있다.

수출은 북쪽의 우중판당(Ujung Pandang) 항구에서 이루어지며, 전체 생산량의 약 7%를 차지한다.

▶ 술라웨시의 토라자 커피

▶ 카자르타의 길거리 커피숍

3) 커피의 유입

17세기 중엽 네덜란드 식민 통치자들에 의해 유입되어 자카르타(Jakarta), 수카부미(Sukabumi), 보고르(Bogor) 지역에서 경작되었으며, 초기에는 아라비카종만 재배했었다. 그 후 지역을 자카르타에서 자바, 수마트라, 술라웨시 등으로 넓혀 갔고, 생산된 커피를 항구로 원활하게 이동하기 위해 자바의 중앙부에는 도로와 철도 시설을 확충하였다.

그러던 것이 19세기 말경 인도네시아, 스리랑카, 말레이시아에 있는 커피 농장에서 녹병이 번지면서 큰 피해가 발생한다. 커피 녹병은 커피 입사귀에 붉은 빛의 가루 같은 것들이 조금씩 생겨나는 병으로, 녹이 스는 것과 같다 하여 붙여진 이름이다. 녹병은 매우 빠른 속도로 번져 갔고, 모든 농장에서 큰 피해를 입게 되어 농장주들은 아라비카종을 다 뽑고 리베리카종, 차나무, 고무나무 등으로 대체하여 경작한다. 그 이후 리베리카종은 20세기 초 로부스타종으로 다시 한 번 대체되었다.

독립 후 새로운 정부에 의해 농장들은 관리되거나 아예 없어져 버린 곳도 있으며, 현재는 92% 가량의 생산이 소작농들에 의해 이루어지고 있다.

4) 커피의 등급 체계

1990년 새롭게 제정된 등급 체계에 의하면, 300g을 기준으로 결점두 수가 몇 개 있는가에 따라 커피의 등급을 다음과 같이 책정한다.

등 급	결점두 수 (단위 : 개)
Grade 1	11
Grade 2	12~25
Grade 3	26~44
Grade 4a	45~60
Grade 4b	61~80
Grade 5	81~150
Grade 6	155~225

about coffee

10. 하와이(Hawaii)

1) 지형과 기후

북미 대륙에 속해 있지 않는 미국의 2개 주가 하와이와 알래스카이다. 하와이 주는 8개의 주요 섬과 124개의 작은 섬들로 구성되어 있고, 연속된 화산의 봉우리들이 바다 위로 솟아올라 형성되었다. 주도(州都)는 호놀룰루로, 연평균 기온 22~26℃이며, 산악 지대는 서늘하고 겨울에는 춥다. 강우량은 지역별로 차이가 있어, 와이알레알레 산은 1,280mm가량이나 카와이하는 230mm 미만이다.

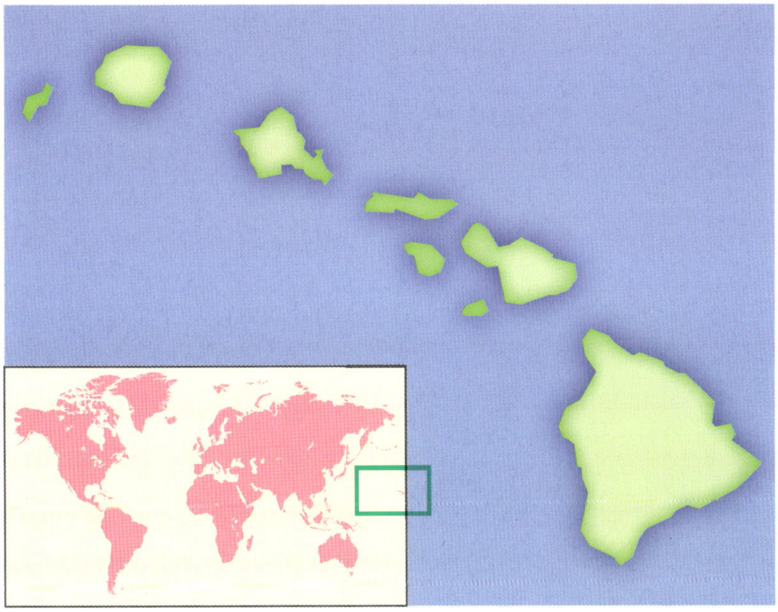

▶ 카우아이 커피 농장

2) 커피 재배 지역

커피는 약 2,500헥타르에서 생산되고 있으며, 평균 재배 고도는 250~750m 사이로 높지는 않다.

체리는 핸드 피킹으로 수확되며, 세척 방식으로 가공된다. 빅 아일랜드(Big Island) 같은 곳은 오후에 안개가 끼는 날이 많으므로 세이드 그론 커피를 생산하기 위해 잎이 넓은 나무와 같이 심지 않아도 된다.

수확 시기는 9월 초에서 그 다음 해 3월 초까지이다.

(1) 카우아이(Kauai)

하와이에서 가장 큰 커피 농장이 자리하고 있는 섬이다. 85%가량은 카투아이 아마렐로종을, 나머지는 타이피카, 문도노보, 산라몬(San Ramon), 이카투(Ikatu) 종을 재배하며, 수확은 메커니컬 피킹 방식으로 이루어진다.

커피 농장 방문객을 위한 센터와 커피숍, 대형 로스팅 공장 등이 있다.

(2) 빅 아일랜드(Big Island)

빅 아일랜드 섬에 위치한 후알랄라이 산(Hualalai Mt.)과 마우나로아(Mauna Loa)의 비탈, 가로 길이 약 20마일, 세로 2마일 지역에서 생산되는 커피가 그 유명한 코나(Kona)이다.

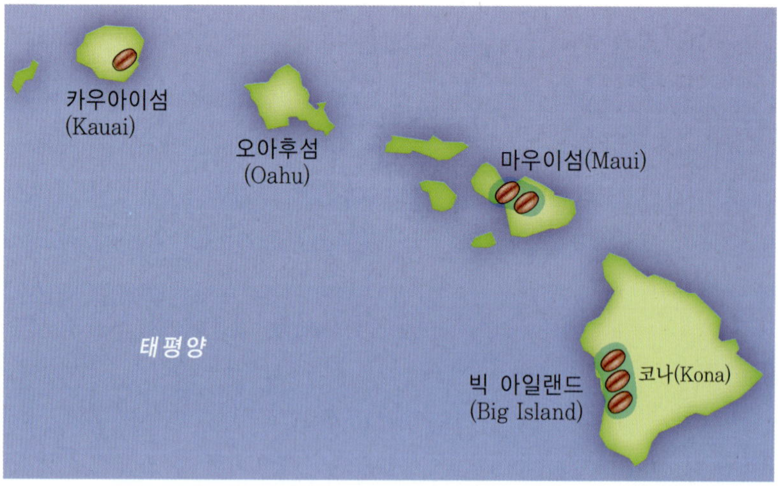

▶ 빅 아일랜드의 커피 농장

이 지역은 지형적 조건으로 인해 오후에는 안개가 끼며 보슬비가 내리는데, 가끔씩 이 보슬비는 당혹스러우리만큼 굵은 빗방울로 변해 폭우로 쏟아지기도 한다. 적당량의 비, 안개, 따뜻한 기온, 토양 등은 커피 재배의 이상적 조건이다.

1800년대 초부터 재배되기 시작했으며, 현재 약 600여 개의 크고 작은 농장에서 생산된다. 재배 품종은 타이피카로 이 지역에서는 과테말라(Guatemala)라고 부르며, 잘 익은 체리만을 핸드 피킹으로 수확하고, 세척 방식으로 가공한다.

부드러운 Acidity와 과일에서 느껴지는 달콤한 맛, 풍성한 Aroma 등으로 세계 최고의 커피로 인정받고 있어 매우 높은 가격에 거래되고 있다.

하와이에 다녀오는 사람들이 '코나 커피'라고 하여 슈퍼마켓이나 공항에서 구매해 오는 경우를 가끔씩 본다. 그러나 성분을 가만히 보면 코나 원두는 미량이며, 나머지는 모두 남미에서 생산된 저품질의 원두들로 블렌드된 것들이 대부분이다.

(3) 마우이(Maui)

유명 리조트가 있는 카아나팔리(Kaanapali)에서부터 할레아칼라(Haleakala) 비탈에 이르는 지역에 커피 농장이 자리한다.

이 곳에서는 하와이 대학과 공동으로 카투아이, 카투라, 타이피카 등을 포함한 약 18개의 품종을 500에이커의 땅에 재배하면서 가장 적절한 품종을 찾기 위해 연구 중이다.

그 밖에도 몰로카이(Molokai)와 오아후(Oahu)의 일부 지역에서도 재배되고 있다.

▶ 코나 커피 페스티벌

3) 커피 재배의 시작

커피가 처음 소개된 것은 1825년, 영국 군함의 선장이자 오아후 섬의 총독이었던 보키(Chief Boki)에 의해서이다. 런던에서 오아후 섬으로 돌아오는 길, 브라질의 리우데자네이루에 들렀을 때 커피 묘목을 얻게 된다.

초기에는 오하우 섬 마노아 계곡에 이식하여 재배했으며, 1828년 빅 아일랜드에도 전파시켰다. 처음으로 대규모의 커피 농장이 조성된 곳은 카우아이 섬 북부 해안가 지역 하날레이 계곡(Hanalei Valley)으로, 1842년경이다. 그 후 해충으로 인한 큰 피해와 경제 정책 등으로 재배가 감소되는 시련도 있었다.

그러나 1930년대를 기점으로 커피 농가들이 조금씩 증가했으며, 현재는 하와이 섬의 주요한 재배 작물 중의 하나가 되었고, 맛과 향에 있어서도 세계적인 명성을 얻고 있다.

4) 커피 등급 체계

커피의 등급은 생두의 크기와 결점두 수에 따라 다음과 같이 구분된다.

등급	내용
Kona Extra Fancy	스크린 사이즈 19, 허용 결점두 수 최대 10개(300g 기준)
Kona Fancy	스크린 사이즈 18, 허용 결점두 수 최대 16개
Kona Prime	스크린 사이즈와 상관 없으나 허용 결점두 수 최대 20개
Kona Caracoli No.1	스크린 사이즈 10, 허용 결점두 수 20개

about coffee

11. 자메이카(Jamaica)

1) 지형과 기후

카리브 해에 위치해 있으며, 주요 도시들은 해안가에 있다. 열대 기후로 덥고 습하나, 섬 중앙 지역은 상대적으로 온화하며, 안개가 많이 낀다.

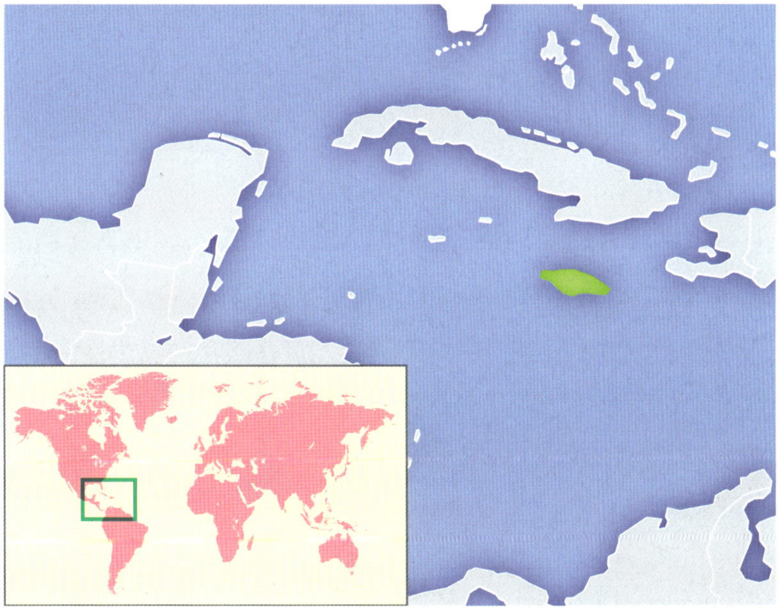

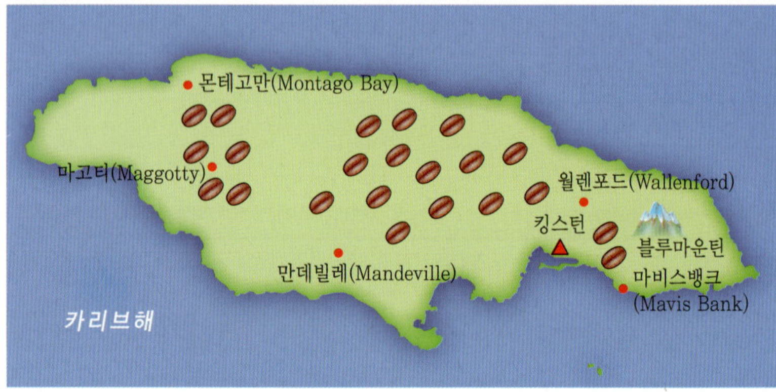

2) 커피 재배 지역

약 9,000헥타르에서 아라비카종만 재배한다. 바나나 나무나 아보카도 나무를 같이 심어 그늘 재배를 하는 것이 일반적이며, 재배 고도는 600~2,000m이다. 체리는 주로 세척 방식으로 가공하나, 일부 소규모 농장에서는 자연 건조 방식을 사용하기도 한다. 꽃이 피는 시기는 1~5월이며, 수확은 8~9월에 이루어진다.

커피를 생산하는 지역은 다음과 같다.

(1) 블루마운틴

마비스뱅크(Mavis Bank)에 있는 실버힐(Silver Hill), 모이홀(Moy Hall), 월렌포드(Wallenford)에서 생산된 커피를 '블루마운틴(Blue Mountain)'이라고 지칭한다.

블루마운틴이 세계 최고의 커피로 인정받고 있는 이유는 생산지의 자연 환경이다. 카리브 해의 온화한 기후, 배수가 잘 되는 토양, 연중 끼어 있는 안개로 인해 커피의 밀도가 높아지는 등 이 지역은 커피 재배의 이상적 기후를 지녔다.

(2) 이 밖의 지역

미들섹 주, 자메이카 주, 세레이 주, 콘월 주에서도 커피를 생산하나 '블루마운틴'이라는 상표는 붙이지 않는다.

▶ 블루마운틴 커피

▶ 결점두 고르는 작업

3) 커피 재배의 역사

1728년 자메이카 섬의 총독이자 템플홀(Temple Hall) 주의 소유주였던 니콜라스 로스(Nicholas Lawes)가 마르티니크(Martinique) 섬에서 묘목을 가져와 세인트 앤드류 비탈에 심은 것이 커피 재배의 시초이다. 커피는 곧 기름진 블루마운틴으로 옮겨져 재배되었으며, 1800~1840년에는 한 해 수확량만도 7만 톤에 이르는 등 그 생산량이 엄청났으나, 1838년 노예제 폐지로 줄어들게 된다.

이후 재배 기술 연구 등을 정부가 지원하면서 품질이 향상되었고 명성도 높아져 갔다. 1944년에는 중앙 커피 가공 공장이 설립되어 수출되는 모든 커피가 그 곳에서 가공되었으며, 1950년에는 정부가 Jamaica Coffee Industry Board를 설립하여 매해 생산되는 커피 품질을 균일화하기 위해 끊임없는 노력을 기울인다. 이 기구는 현재까지 그 역할을 톡톡히 하고 있어 자메이카 커피를 세계 최고로 인정받게 하는 데 지대한 공헌을 하였다.

1973년에는 마비스뱅크에 있는 실버힐, 모이힐, 월렌포드가 '블루마운틴'이라는 상표를 등록하였으며, 현재도 이 상표 아래 커피를 생산하고 있다.

자메이카에서 생산된 커피의 80%는 일본으로 수출된다.

▶ 자메이카

4) 커피 등급 체계

등 급	내 용
Blue Mountain	앞에서도 설명한 지역에서 생산된 커피를 가리키며, 재배 고도는 매우 높다. 색깔은 푸른색을 띠며 Aroma와 Acidity, 단맛 등을 조화롭게 느낄 수 있다.
Blue Mountain Valley	역시 우수한 맛과 향을 느낄 수 있으나 블루마운틴에 비해 고도가 조금 낮은 곳에서 생산된다.
High Mountain Supreme	고지대에서 생산된 커피로, 생두의 모양이 고르고 좋은 Acidity, Aroma, Body를 느낄 수 있다.
Prime Jamaica Washed Type 1 and Type 2	중지대에서 고지대 사이에 생산되며, Aroma, Acidity, Body가 조화롭다.
Prime Jamaica Type 3 and Type 4	바로 위 등급과 유사하나, 스크린 사이즈가 조금 더 작고, 결점두가 발견된다.
Triage A and B	수출 금지 등급이다.

Type 1은 스크린 사이즈 18이고 짙은 청녹색을 띤다. Type 2는 색깔은 유사하나 스크린 사이즈 17에 해당한다. Type 1과 2 모두는 결점두가 거의 없고 모양이 우수하다.

Reference 참고문헌

권장하, 「커피의 문화의 발자취」, 미스터커피 SICA출판부, 2005.
김경옥 외 1인, 「커피와 차」, 교문사, 2005.
문준웅, 「커피와 차」, 현암사, 2004.
알랭 스텔라, 「Cafe」, 창해, 2001.
여동완 외 1인, 「Coffee」, 가각본, 2004.
원융희, 「세계의 음식이야기」, 백산출판사, 2003.
이윤호, 「완벽한 한 잔의 커피를 위하여」, MJ미디어, 2004.
Peter Lummel, *Kaffee*, be. bra-Verlag, 2002.
Kenneth Davis, *Coffee*, St. Martin's Griffin, 2001.
Karl Schapira 외 2인, *The Book of Coffee & Tea*, St. Martin's Griffin, 1995.
Luis Noberto Pascoal, *Aroma of Coffee*, Fundacao Educa, 2002.

월간 Coffee & Tea, 2002. 5~2004. 6

기초 커피 바리스타

초판 1쇄 발행/2008년 2월 25일
초판 10쇄 발행/2015년 9월 24일

공저 전광수 · 이승훈 · 서지연 · 송주은 · 김윤경
발행처 형설출판사
서울시 종로구 효자로 7길 25 · 전화 (02) 738-6052～4 · 팩시밀리 (02) 736-7134
대구광역시 중구 동덕로 115 진석타워 1119호 · 전화 (053) 425-2811～4 · 팩시밀리 (053) 425-7315
발행인 장지익
등록 라-제9호 · 1962년 5월 1일
홈페이지 http://www.hyungseul.co.kr
e-mail hs@hyungseul.co.kr

정가 22,000원

ISBN 978-89-472-3335-4 93590